9 789948 810605

انتظارات

ومسرحيات أخرى

عبدالله صالح الرميثي

انتظارات

ومسرحيات أخرى

إصدارات دائرة الثقافة، حكومة الشارقة 2022 م

الناشر: دائرة الثقافة ـ حكومة الشارقة ـ الإمارات العربية المتحدة

الهاتف: 5123333 6 971+

البرَّاق: 5123303 6 971+

الموقع الإليكتروني: www.sdc.gov.ae

البريد الإليكتروني: sdc@sdc.gov.ae

812.9535
ص ع. ا
صالح، عبدالله
انتظارات ومسرحيات أخرى/ عبدالله صالح .ـالشارقة، الإمارات العربية المتحدة: دائرة الثقافة،
2022.
364 ص؛ 21X14 سم.
1ـ المسرحيات العربية ـ الإمارات العربية المتحدة
أ ـ العنوان
ISBN: 9789948810605

انتظارات

مسرحية

الشخصيات

– غانم: شـاب في بداية الأربعينيات.. ابن عائلة فقيرة الحال.. متقلب الحال عريس، ولكن..

– أماني: شــابة في أواخــر العشرينيات.. ابنة عائلة كبيرة.. عروســة.

- المكان: أحد الفنادق الراقية حيث تدور الأحداث.

- الزمان: ليلة طويلة.

الانتظار الأول

(على إثر صوت مؤثر المصعد أثناء نزوله، يضاء المسرح على بقعة ضوئية مستطيلة، دلالة على شكل مصعد ما في أحد الفنادق ذي الخمسة نجوم، وهو في حالة هبوط، يشكل هذا المستطيل نواة لبقع إضائية مستطيلة عديدة تدور فيها أحداث الانتظارات. يمتزج صوت المؤثر الصوتي السابق مع مؤثر ضوئي اهتزازي قوي مصحوب بإضاءات عمودية وأفقية متناثرة على أجزاء من وجوه من في المصعد، يتوقف المصعد فجأة؛ فيصدر بذلك غبار على شكل دخان يعكس قوة هذا التوقف المفاجئ.. لحظات صمت.. مؤثر موسيقي مناسب يعكس حالة الاضطراب الجارية لشخوص المصعد.. تضاء بقعة علوية على وجه غانم العريس في الأربعينيات من عمره بلباس العرس الخليجي، وهو ينظر إلى الأعلى، ثم تطفأ إضاءته لتضيء بقعة ضوئية أخرى على وجه أماني الفتاة في الثلاثينيات من عمرها، وهي تلبس ثوب عرسها ذا الطرحة البيضاء الطويلة، تستمر الإضاءات على هذا المنوال ممزوجة بتصاعد للمؤثر الموسيقي السابق، إلى أن يتوقف هو الآخر فجأة)

غانم: (يضاء جزء من وجه غانم، وهو ينظر للأعلى) كأنه وقف.

أماني: (متفاجئة) هاه!

غانم: المصعد.. مره وحده وقف.. ما أدري في أي طابق نحن.

أماني: (لا تجيب)

غانم: عيل شو سالفته.. ليش وقف.. معقولة صابه عطل!!

أماني: (لا تجيب)

غانم: إشبلاج ساكته خايفه؟

أماني: (لا تجيب)

غانم: أخافج الا ما تسمعين.

أماني: وشو تريدني أقول؟

غانم: ما تشوفين وقفته بهالطريقه فيها شي؟

أماني: تراك تقول.. يمكن يكون عطل.

غانم: ليش لا يمكن عطل بالفعل.. ويمكن لا.

أماني: لا.. شو قصدك؟

غانم:	عادة الوقوف العادي للمصعد يصدر رنة خاصة، بس هالمره غير، على الله بس ما يطول.
أماني:	يطول.. في هالحر (تتلمس وجهها) عزات مكياجي ساح.
غانم:	(بتذمر) اطالعوا هذه.. نحنا وين وإنتي وين!!
أماني:	شو هالمصيبه اللي طحنا فيها.. معقوله ما حسوا بهالتوقف!!
غانم:	وهم لحقوا يحسون.. بس ما عليج الحين تلقينهم يايين يتراكضون (ينظر في كل الاتجاهات) هذا.. وين بابه؟
أماني:	(بضيق) مب معقوله مصعد فندق خمس نجوم يعـطل بهالسهوله!!
غانم:	أنا بعد أقـول جذه.. لو إني شـاك في أسـلاك هالمصعد.. يقولون إنها حساسه وايد.. أكيد.. دامنها نوعيه نادره جايبينـها بالطلب ومب بعيده يكون مالها وكيل قطع غيار هنيه.. ويمكن..
أماني:	(مقاطعة بخوف) ويمكن شوه.. لاتقول بينقطع مثلاً.
غانم:	أنا ما قلت جذه.. تفاءلوا بالخير تجدوه.

أماني: (وهي تجلس مستسلمة) لا حول ولا قوة إلا بالله.

غانم: طولي بالج.. تلقينا الدنيا قايمه برع.. مب معقوله مصعد مثل هذا مكلفنهم الشي الكثير بيخلونه وما بيسألون عنه.. إلا إذا شارينه مستعمل هذا كلام ثاني.

أماني: (تقف فزعة) شو مستعمل.. شو قصدك بهالكلام؟!

غانم: يالس أحط كل الاحتمالات.. طولي بالج واستريحي.. أكيد الحين بيتصلح والأمور بترد على خير ما يرام.

(لحظات صمت.. تقترب منه بشيء من القلق)

أماني: إنت قلت ان.. ان الوايرات حساسه وايد.

غانم: (جالساً مكانه) أكيد دامه مصعد فخم مثل هذا أكيد حساسه، وبالأخص إذا كل واير منهم يسواله ألفين والا أكثر هذا من غير ديكوره الفخم وأجهزه الكمبيوتر اللي تديره.

أماني: (بتذمر) إنت بتسويها قصه!!

غانم: تراج سألتي وأنا يالس أرد عليج.

أماني: إنزين.. مب جايز يعني.. أقول يمكن يطيح ابنا؟!

غانم: كل شي جايز.. ويمكن ننتظر هنيه لحظات.. ويمكن ساعات ويمكن..

أماني: (أكثر قلقاً، مقاطعة) لا تقولي بعد يمكن أيام.

غانم: ويمكن شهور وسنين، ويمكن دهور.

أماني: (متضايقة) حسبي الله على شورج يا مريوم كله منج، والا أنا شلي ركبني المصعد غير أفكارج البايخه.

غانم: هذا قدر، والواحد ما يقدر يهرب من قدره.

أماني: هي بس الوقت والمكان مب مناسبين.

غانم: وين ما كنتي القدر لاحقنج ما في مفر منه، حتى لو كان في قفص.

أماني: (باستغراب) قفص.

غانم: قفص دجاج.. حمام.. أرانب.. سبلان (يضحك بهستيريا)

أماني: إنت الظاهر مب هامتنك هالورطه اللي نحن فيها، من جذه تمزح!!

غانم: وليش أكدر نفسي.. سالفه تحدث في أحسن الفنادق، مجرد عطل وبيتصلح وبنطلع (يخرج

من جيبه ورقة لعب) شو تلعبين هند والا سبيت؟

أماني: وتعتقد هالوقت مناسب للتسلية.. وافضيحتي جدام الناس.

غانم: (مستغرباً) فضيحه.. ونحنا شو اللي سويناه غلط!!.. بعدنا على البر.

أماني: فضحيتنا في المعازيم اللي يتريونا.. أمي ما خلت حرمه ما عزمتها.

غانم: أمج الا.. عيل شو أقول عن أمي اللي بنفسها سارت بيت الوزير ولزمت على حرمته إلا تي.. هذا من غير حريم الوطن العربي اللي ما خلت دولة مشاركة في جامعة الدول العربيه ما عزمتهم.

أماني: تراها في الآخر فشره ومظاهر.

غانم: إلا عناد حريم وإنتي الصادقه.. (يقف وهو ينظر للأعلى) وين هالسلك؟

أماني: (متضايقة) إنزين وبعدين؟

غانم: عاد عزمتهم وسوت بطاقات ذهبية من أجود أنواع..

أماني:		(مقاطعة) إنت وين وأنا وين!!

غانم:		شو السالفه تراج تقولين وبعدين.. هاه فهمت.. مستعيله على الطلعه.

أماني:		(متفاجئة) إنت شو تقول؟!

غانم:		شو أقول.. ليلة العرس حلوه وايد وصعبه وايد وايد.

أماني:		عيب استحي على وجهك.

غانم:		وانا أقول شي غلط.. تراها ليله بنمر فيها.. العاده البنات أكثر خجل وخوف من الرياييل، بس بس إنتي غير.. مستعيله على رزقج.

أماني:		(بغضب) قلتلك عيب استحي.

غانم:		هذه من أولها إنتي محرجه وزعلانه.

أماني:		(بغضب) شو تقصد بهالكلام؟

غانم:		(بخبث) ما أظن إنج غبيه لهالدرجه.

أماني:		(وقد أدركت قصده) إنت قليل أدب.

غانم:		الحين عاد يوم بديت أدخل في الموضوع صرت قليل أدب.

أماني:	وأهلك للأسف ما ربوك.
غانم:	آه منكم إنتوا البنات... يتمنعن وهن راغبات.
أماني:	(مقاطعة) احترم نفسك.. وصكر هالموضوع أحسن لك.
غانم:	هالأمور عاديه.. شكلج خايفه.
أماني:	يعني إنت اللي مب خايف؟
غانم:	(مداعباً) وليش أخاف.. نحن بروحنا.. وباب المصعد مصكر علينا.
أماني:	(مهددة) شوه.. اسمع.. إن حاولت تسوي أي شي ترى ما تلوم إلا نفسك فاهم.
غانم:	(ضاحكاً) اهدي اهدي عنبوه حاره ما تحتاجين.. أقصد لهالدرجه خايفه من ليلة العرس.. مجرد مزحه.
أماني:	(غاضبة) هالأمور ما فيها مزح سامع.

(مؤثر صوت انقطاع سلك المصعد وتحركه من مكانه ممزوج مع إضاءة اهتزازية تنير وتظلم في بعض الأماكن دلالة على هبوط المصعد عدة طوابق.. والخوف بادٍ على الاثنين

اللذين يحاولان التمسك بأي شيء قريب)

أماني: أشهد أن لا إله إلا الله وأشهد أن محمداً رسول الله.

غانم: يا الله سترك.. عزات طحنا.

أماني: (تبكي) يا الله تلطف ابنا.. يا ربي شو هالمحنه.

غانم: (يتمتم ببعض الأدعية بصوت غير واضح)

(يتوقف المصعد فجأة محدثاً صوت ارتطام بالجوانب الجدارية.. لحظات ويحاول غانم أن يتحرك ناحية أماني بتثاقل، ولكن مؤثر صوت المصعد يتحرك هو الآخر مصحوباً بحركة مناسبة للإضاءة)

أماني: (غاضبة) اوقف مكانك.. لا تتحرك.

غانم: (يحاول خلع غترته، ثم يتقدم للأمام، وينظر للأعلى)

أماني: شو ناوي تسوي؟

غانم: متراوتلي حلقه فوق السقف.. بربطها بطرف الغتره أقلها بنتعلق فيها إذا طاح المصعد.

(يحاول قذف طرف الغترة إلى الأعلى، فيتحرك معه المصعد)

أماني:	أوقف يا مينون إنت جذه بتجتلنا.
غانم:	ترانا جذه والا جذه ميتين.
أماني:	فال الله ولا فالك.
غانم:	عيل شو نسوي.. خلاص بنستسلم لليأس من أولها.. يحتاي الحين كل واحد يدعي ربه إن يسامحـه على اللي سـواه في دنيـاه.. لان الأسـلاك ما بتمـهلنا أكـثر من جذه (وهـو ينظر للأعلى) تعالي شوفي.. بدت تتاكل يعني نسبة النجاة ضئيله.
أماني:	(بغضب) عيل ليش قلت عطل بسيط وبيصلحونه؟
غانم:	(صارخاً) هذا قبل ما أحس بهالنزله.
أماني:	(صارخة) وليش تصارخ علي؟
غانم:	إنتي في حاله وأنا في حاله.
أماني:	(وهو يحدث الخارج) يعني مصعدكم هذا ما بغى يخترب إلا اليوم، وفي هالفندق اللي الله أعلم كم طوابقه.
غانم:	أربعين.
أماني:	(بخوف) هاه!

غانم: إذا قلنا 40 طابق يعني طوله تقريباً 280 أو 300 متر تقريباً.. يعني لو سقط هالمصعد من هالارتفاع..

أماني: (تتجه مبتعدة عنه غير مبالية)

غانم: العمليه بتاخذ دقايق.. لانه مب مشحون والا كان أسرع.

أماني: (تقترب منه منزعجة) بس عاد أرجوك.

غانم: عاد تصوري السرعه المتوقعه تصل ما بين 160 أو 170 كيلومتر في الساعه.

أماني: (مقاطعة) يعني شوه.. بنموت!

غانم: لا سوبرمان بيخترق هالمصعد وبينقذنا.. الا بنموت موتة شنيعه.

أماني: لالا.. أنا.. أنا ما أبغي أموت.

غانم: على راحتج.. يا مصعد ما تبغي تموت.. إنتي اتظنين بعد هالهزات والنزلات السريعه بنوصل الأرض أكيد بنموت وبنتقطع قطعه قطعه.. يعني شي اسمه زواج انسيه (ينظر إليها) الله يرحمج برحمته.

أماني: (ترفع رأسها) هاه!

(تنظر إليه بخوف، ثم تسقط بتثاقل في أحد أركان المصعـد.. يطبق الصمت على المكان.. إظلام... مؤثر موسيقي مناسب)

الانتظار الثاني

(يخترق هذا الصمت فجأة صوت ضحك ناس قادم من بعيد، وهو يتصاعد مع عودة الأمل للاثنين وهما يقفان مبتسمين)

أماني: إحساسي يقول اننا خلاص وصلنا.

غانم: (ينظر للخارج وهو شاك في الأمر)

أماني: (تعدل من هندامها، بينما غانم يضحك) إشفيك ساكت.. خلاص افرح وصلنا (تحدث من بالخارج) عقيتوا قلوبنا ونحن نترياكم.

غانم: شكلج تتابعين قناة سبيس تون.. تخيلاتج واسعه.

أماني: هاه.. شو قصدك؟

غانم: قصدي إن ما في داعي من اللي تسووينه.

أماني: ليش ما في داعي، العمال وصلوا وبيظهرونا من هنيه.

غانم: ظهرة من هنيه انسيها.

أماني: (متشككة في الأمر وهي تحاول سرق النظر، ولكن الصوت قد توقف) إنتوا يللي هناك وينكم.. يللا ظهرونا من هنيه (تصمت ثم تلتفت إليه) إنت شخص محبط.. ما عندك ذرة أمل (تعود للمناداة من جديد) هيه افتحوا افتحوا الباب.

غانم: (يضحك سعيد مبتسماً) بيفتح بيفتح.. قعدي يا بنت الناس لا تضحكين علينا الغرب.. نحنا معلقين بين السماء والأرض، يعني في نهاية الأمر هذا سجني وسجنج رضينا والا ما رضينا.

أماني: سجني (يائسة) إنزين.. لين متى؟

غانم: لين ما يدفعون كفالتنا ونظهر.

أماني: (تتجه نحو الباب وهي تصرخ) حاسه إني أختنق، دخيلكم ظهروني.

غانم: لا حياه لمن تنادي.. كل اللي في الفندق أجانب.. استغيثي بلغات أجنبيه يمكن حد يسمعك قولي هيلب.. والا بجاو.. كوماك.. ليوليو والا شنج بنج هو.

أماني: شوه؟!

غانم: لحقوني بالصيني.. (وكأنه تذكر شيئاً) لحقوني.. كنت أرددهـا بيني وبين نفسي وانـا في ذيج الطياره.. كانـت أول رحله داخليه لي أثناء دراستي.. كانت رحله مخيفه.. الكل محبـوس في صندوق طاير ماشي فرق بين الطياره وهالمصعـد.. الاثنين معلقين بين السماء والأرض (تتابعه أماني بخوف) عشت معاناة الله لا يراويج اياها.. الله وكيلج خمسة ساعات متعلقين وتلعب ابنا هالمطبات يمين ويسار.

أماني: (تجلس من الخوف)

غانم: كنت حزتها شراتج ميت من الخوف.. بديت أحـاسب نفسي على كل اللي سويته.. قلت خـلاص بيني وبين الموت لحظات.. وقتها ما كان عندي فـكره عن المطـبات وإنها حاله عـاديـه.. استسلمت وقلت الطياره طايحه لا محـال.. لعنت الساعه اللي سرت أدرس فيها دكتوراه في أمريكا.

أماني: (مقاطعة) اف.. بسك عاد اسكت.

غانم: أدرييج تفكرين في العرس.. أنا بعد مثلك.. لكني أحاول أسلي نفسي بالكلام لين ما تحين لحظة الإفراج.

أماني:	وافضيحتي في المليج اللي يتريا.. جان ما سـار الحين.. كله من مريوم أختي (تقلد أختـها) عرسـج أباه يكون يديد في يديد حتى فـكرة المليج تدرين إن محد سواها.. إنتي بتنزلين من الطابـق العشـرين، وهو بيترياج ويا المعرس في الميزانيين.

الاثنان:	بتملجـون وعقبها بنزفكم سوا.

أماني:	هاه.

غانم:	عيل أكيد زمانه متحرقص الحين.. الريال مب فاضي وراه عرس ثاني.

أماني:	وإنت شدراك؟!

غانم:	تراها نفس الفكره ونفس المليج.

(مؤثـر ضربة موسـيقية.. تفتح الإضـاءة فجأة، تلتفت على إثرها إلى غانم)

أماني:	(بـخوف) إنـت مـنوه.. وكيف طلعت ويـاي هالمصعد.. شو تبغي الناس يقولون عنا وإنت راكب معاي؟

غانم:	صدفه.. بعدين هالمصعد عام.. معلوم كل واحد

منا عرسه غير عن الثاني.. لكنها بلوه وانحطينا فيــها.. بعدين أنا اللي راكب قبلج المصعد.

أماني: شو قصدك.. يعني أنا عقيت نفسي عليك؟

غانم: (مبتعداً عنها) الحين بالله شو أقولج.

أماني: (مندهشة) اللي قاعد يصيرلنا هذا ولا في الأفلام.

غانم: أنا بعد أقول جذه (يبدأ بالضحك) هي والله ولا في الأفلام اللي يشوفنا بلبسنا هذا يظن اننا معاريس وزافينا.

أماني: (تبتعد عنه متضايقة)

غانم: (يحس بالإحراج) الله أعلم عقب هالنزله في أي طابق نحن.

أماني: (وهي مرعوبة) الخوف إذا انقطع هالسلك مره وحده ونزل ابنا مره وحده.. يا ويلي (تلتفت إليه) أنا مب مستعده أيلس هنيه أكثر ما يلست.. طلعني من هنيه أحسن لك.

غانم: (مستغرباً) أنا.. وأنا شلي؟

أماني: (غاضبة) لانك إنت السبب.

غانم: وليش ما تكونين إنتي السبب.

أماني:	(بغضب) لا تصارخ علي.. أنا ما أشتغل عندك.
غانم:	لو تشتغلين عندي جان من زمان مفنشنج.
أماني:	(بتحدي) تخسي الا إنت.
غانم:	(محاولاً ضبط أعصابه) احترمي نفسج والا ترى والله..
أماني:	اوش.. جانك ريال اضرب.
غانم:	شــوفي يا بنت الناس قلة أدب زياده ما بتلومين إلا نفسج.. سامعه برفس المصعد بريلي وبزخج من قمة راسج وهبا.
أماني:	إنت من فاكر نفسك هاه.. أنا عمري محد رفع صوته علي.

(يديــر وجهه عنهــا ويذهـب إلى الجهة الأخرى.. تنظر إليه، ثم تقترب منه متسائلة)

أماني:	ليش لين الحين ما صلحوا المصعد؟
غانم:	(لا يجيب)
أماني:	يعني شوه خلاص ما في أمل.. بنطيح؟
غانم:	(لا يجيب)

أماني:	رد علي أرجوك.. ريحني.. تعتقد حد بيقذنا؟
غانم:	(يشير لها بأن يتكلم)
أماني:	تكلم عاد بسك سكوت.
غانم:	ما أقدر أقول هيه والا لا.
أماني:	وليش ما تقدر؟
غانم:	لان مب بإيدي تقرير المصير (ينظر للأعلى) نحن في أي طابق؟
أماني:	ما أدري يمكن.. 14 أو 15.
غانم:	(وهو لا يزال ينظر للأعلى مكرراً) أرقـام.. أرقام.. حالنا مثل حال أرقام الطوابق اللي انطفت فجاءه.. مثل ما انطفى الأمل في أعماقنا.. يعني ماشي فرق بينا وبين هالأرقام.
أماني:	(تنظر إليه وهي مرتعبة) إنت شو يالس اتقول؟
غانم:	أقول المنطق اللي لازم نفكر فيه.
أماني:	معقوله هالمصعد حوّلك فيلسوف مره وحده!!
غانم:	الغربه تجبر الواحد يتم وحيد معظم وقته.. وهذا اللي خلاني أحب المطالعه.. أكثر من ست سنين

في أمريكا ما بين لغه وبكالوريس وماجستير وآخرتها الدكتوراه.

أماني: وشو دخل كل اللي قلته في سالفة الأرقام؟

غانم: ترى كل هذا في الأساس رقم.. ورطتنا هذه رقم.. المصعد هذا رقم.. (يشير لها) رقم (يشير لنفسه) رقم (يبدأ بحسب أصابعه بينما هي تبتعد عنه مندهشة من تصرفه، وهو يكرر) أرقام.. أرقام.

أماني: (تتجه إلى إحدى الزوايا) الظاهر إني ركبت مع واحد مينون.

غانم: تدرين إن ابن الهيثم وابن النفيس والبيروني وغيرهم من العلماء العرب وحتى علماء الغرب أكدوا بان هناك علاقه كبيره بين الأرقام والأسماء.. وان البيروني أكد إن الأرقام الغباريه والهنديه هي من أحسن أرقام الحساب المتنوعه.

أماني: (تنظر إليه وكأنها ملت مما يقوله)

غانم: والا السلسله الغباريه عاد.

أماني: (باستهزاء) إنت يالس تخربط.. معقوله كل هذا من تأثيرات المصعد على مخك؟

غانم: (وكأنها ذكرته بشيء ما) المصعد صــح.. ما تقوليلي ليـش سموه مصعد مع إنه يصعد وينزل أقلها كان يسمونه مصبط أو مصزل أو مهصد بجذه بيجمع بين الصعود والهبوط.

أماني: (تمسك رأسها لا تصدق ما يقوله) لالا.. الظاهر إنك تخبلت رسمي.

غانم: الخبال هو العامل الرئيسي في حياة كل فيلسوف.. تدرين إن أشهر الفلاسفه اتهموهم بالخبال؟

أماني: (باستهزاء) إنـت إشبـلاك قمت تعق خيط بخيط.. لايكون تظن نفسك بروفيسور زمــانك، وتتصـور إنهم بيعطونك جائزة نوبل على اكتشافاتك ونظرياتك هذه.

غانم: هاي مشكلتنا نحنا العرب، ما نحب نشجع بعضنا، دومنا نحبط أي محاوله للنجاح.

أماني: إنت الحين ليكون من صدقك تتكلم؟

غانم: وفيها شي لو حاولت؟

أماني: اسمعوا شو يقول.. إنـت حـاول تطلعنا من هنيه. (يبدأ مؤثر المصعد مصحوباً بإضاءته الاهتزازية في العودة من جديد، وهو أشـد من

(الهزة الأولى، دليل على نزول المصعد بسرعــة فائقة، موضحاً حالة الاثنين الخائفين)

غانم: وابوي.. السلك الباقي انقطع.

أماني: (وهي تبكي) شوه انقطع.

غانم: (رافعاً يده داعياً) يا الله سترك.. يا الله تهون علينا (ملتفتاً لها)

أماني: (بخوف) يا الله ترحمنا برحمتك.

غانم: أنا شو اللي ركبني هالمصعد.. الله يسامحكم.. جان وديتولهم شهاده المعايره وفكيتونا من هالعرس الغصب.

أماني: (وقد سلمت نفسها يائسة) يا الله تستر.. الطف بحالنا يا رب.

(يتوقــف المصعــد فجــأة فيصدر اهتــزازة يهتز علــى إثرها الاثنان، ثــم يرتميان كلّ في جهة مع مؤثر إضاءة مناسبة لحالة التوقف المفاجئ.. نور جانبي قادم من فتحــة في الجدار، مصحــوب بغبار على شكل دخان كثيف)

أماني: (تصرخ من الرعب) الحقوني.

(لحظات صمت.. يستقر المصعد.. مؤثر موسيقي مناسب)

غانم: (يحسّس جسمه) هاه.. بعدني حي.. هذا.. يعني ما متنا!!

أماني: (وهي جالسة خائفة) أنا.. أنا.

غانم: (يقف وتبدو عليه الابتسامة) الظاهر اننا نجينا.. وصلنا الطابق الاولي.

أماني: (وقد فقدت الأمل) أي أولي.. تلقانا بعدنا في الطابق العاشر.

غانم: (غاضباً) شو عاشر.. لالا بالفعل وصلنا، والحين بيطلعونا.

أماني: بس المنطق اللي تكلمت عنه يقول اننا في أعداد الموتى.

غانم: (يقف وهو يتلمس نفسه محاولاً تلمس الجدار) معقوله ان.. انكون متنا ونحن حيين!!

أماني: الظاهر طحنا في حفره عوده تحت الفندق علشان جذه ما نسمع شي.

غانم: لالا إنتي تتوهمين... دام الفندق طوابقه كثيره.. أكيد وصلنا

(يلتفت لها غاضباً) بعدين منوه اللي عطاج الحق
إنج تفتين هاه؟! شوه تعلمين الغيب حضرتج؟

أماني: (تقف وهي غاضبة) تراك من الصبح تفتي وأنا
ساكته وأسمع.

غانم: (في شدة غضبه) حاسبي على كلامج، واعرفي
إنتي منوه تكلمين.

أماني: لا تصارخ، واعرف إنت منوه تكلم.

غانم: (غاضباً) شوفي عاد.. أنا على كيفي حر ما
تملكيني سامعه.. جانج بنت ناس تراني بعد أنا
ولد ناس ومقامي من مقامج.

أماني: (وهي تتقدم إليه، وهي غاضبة أيضاً) شوف عاد
أنا مب أصغر عيالك علشان تصرخ في ويهي..
احترم نفسك.

غانم: (مندفعاً نحوها وهو يهم بضربها) إنتي اللي
احترمي نفسج، ترى أنا مقامي فوق دكتور
دكتور.

أماني: لا تطول صوتك سامع، واحترم نفسك.

غانم: (وقد ازداد غضباً) بتسكتين والا..

أماني: (بتحدٍّ) والا شوه اوش.. جرب جان تقول إنت ريال.

غانم: ريال ونص وأريل منج.

أماني: أريل منج.

(تبدأ أماني في تحويل غضبها إلى بداية ضحكة.. وبدوره ينظر إليها ويتقدم إلى جهة أخرى وهو يخبئ ضحكته، إلى أن ينظر إليها بطرف عينه ويبدأ بالضحك التدريجي.. وهي تبادله الضحك بشكل هستيري... يعود الصمت من جديد يغلف المكان.. ممزوجاً بمؤثر مناسب).

الانتظار الثالث

(يعود صـــوت العمـــال والآليات.. والاثنان يجلســان ويتحدثان دون أن يباليا لمصدر الصوت)

غانم: (غير مبالٍ) تموا تكلموا لين باجر ما بنشبر من هالمكان.

أماني: (غير مبالية هي الأخرى) لا تظنون اننا بنصدقكم.

غانم: (من مكانه) بالمره قولي لهم العرس تفركش.

(يتوقـف صـوت الآليـات.. ينظـر الاثنـان إلى بعضهما)

أماني: اشفيهم سكتوا مره وحده؟

غانم: (مبتسماً وهو يعيد غترته، ويعدل من نفسه) مايون إلا بالعين الحمرا.. يللا جهزي نفسج الحين بنطلع.

أماني: (فرحة) معقوله بهالسرعه؟!

غانم: مب هذه كانت أمنيتج؟

أماني: (مبتسمة هي الأخرى) عيل شو تتريون كسروا باب المصعد وطلعونا.

(فترة صمت والاثنان ينظران في كل الاتجاهات)

غانم: (متفاجئاً) شو السالفه.. معقوله إننا نتوهم؟!

أماني: (متفاجئة) إنت شو تقول، نتوهم.. يعني شوه... معقوله مب حاسين فينا (ترفع الطرحة من جديد وهي تنظر إليها بحزن) الظاهر مالج نصيب تفرحين.. هالليله مب ليلتج (تنظر لغانم) تتصور هالثوب الأبيض ممكن يتحول كفن.. يعني بنندفن هنيه.. لالا ما ظن (تنظر لساعتها) ما أدري كم مرت ساعه على يلستنا هنيه، ولا حد حرك ساكن حتى جرس الإنذار اخترب.

غانم: (لا يجيب)

أماني: مب معقوله بتم ساكت.. يعني خلاص ماشي فايده.

غانم: (لا يجيب)

أماني: (تبدأ بالهستره) إنزين افرض إني صدقتك بسالفة

الأرقام.. تظن يعني بيجي اليوم اللي نتحول فيه إلى.. إلى أرقام؟

غانم: كل شي وارد.. العلم يطور يوم عن يوم.. وشوفي عاد صراع الناس يوم بتصبح الأسماء كلها أرقام.. حزتها الكل يتقاتل على رقم مميز.

أماني: (بشيء من الجنون) بس عاد أنا ما أبغي «حياك» رقم، لا أبغي أحادي.

غانم: أحادي.. مشي بوزج الأحادي والثنائي محجوز وماخوذ مسبقاً.. الجتله على الثلاثي، وشوفي عاد كم سعره.. إلا جان واسطة أبوج قويه شي ثاني.

أماني: يعني فيه حد ممكن يكون ما عنده رقم؟

غانم: الفقراء والمساكين.. بيصيرون بدون أرقـام.. وإذا كلـش كلش حصلوا واسطه بيحصلون رقم بيدفورد (يشير لها بطوله) هالطول.

أماني: (سارحة) إنزين.. إذا ياني ولد والا بنت؟

غانم: هذه سالفه ثانيه.. معاناه الله وكيلج.. بتمين إنتي وريلج تحومون من مزاد لين مزاد.. ومن جريده لين كتاب لين الانترنت.

أماني: وكل هذا شحقه؟

غانم: تراج حزتها تفكرين برقم مميز شي أكيد ما بتحصلينه بسهوله.

أماني: معقوله عاد بيجي يوم جذه؟

غانم: بيجي.. الا هاليوم نحن نعيشه لكن نسوي عمرنا ما نحس به.

أماني: (مستغربة) رقم يسويبنا جذه؟!

غانم: المشكله العوده إن هالرقم بيدخل في كل شروط الحياه، ابتداء من شهادة الميلاد، مروراً بالمهر والزواج، وانتهاءً بالوظيفه والسكن.

(يضحــك الاثنان معــاً، ثم يقل الضحـك شيئاً فشــيئاً حتى يتوقفـا وهمــا يحسان بالضيــق والحر)

غانم: إشبلاه المكان صار كتمه؟

أماني: أنا بعد عندي نفس الإحساس.. الحر زاد.

غانم: معقوله انقطع كل شي؟

أماني: حاسه بالعطش.. ما في شي أشربه؟

غانم: شربي الصبر لين ما تحين لحظة الإفراج.

(مؤثر موسيقي متواصل، بينما الاثنان يبحثان عن مخرج ما، وكل منهما سارح في فضائه)

غانم: نفس الإحساس الجديم.. ملامح المكان تذكرني بذيج السنين.

أماني: ساعات طويله كنت أقضيها بحجرتي مسجونه ما بين همّ البيت وهمّ الدراسه.

غانم: ساعات الوحده ثجيله.. وأمرّ ما فيها تخلي من الواحد شاعر.

أماني: الوحده.. طول حياتي وأنا معايشتنها بمرارة دموعها.. ووحشة انتظارها.

غانم: هذا هو هو المكان يذكرني.

أماني: يرجعني لذيج السنين.

(يقف الاثنان وهما ينظران للبعيد، يصاحبهما مؤثر مناسب)

الانتظار الرابع

(يستمر المؤثر الســابق، وهو يظهر بإضاءة مناسـبة عن مكان الذكريات الجميلة)

غانم: أول صـوره لي في حياتي.. كان عمري يومها 17 أو 18 سـنه.. كنت أول مـره أسير فيها الاستديو بروحي (يضحـك) عافانا الله.. ذوق فقارى لا لبس ولا شكل.. اطالعوا الشعر.. تقول غافه (يضحك) ما أدري كيف جتني الجراءة وعطيتها الصوره من أول لقاء!

أماني: كنت فرحانه بالصوره وايد.. رغم إني بعدني ما عرفته.. شفت فيه ملامح فارس أحلامي.

غانم: (بخجل) عاد صدق إني ما أنعطى ويه.. عنبوه مسرع ما عرفتها شو أسوي أحبها.

أماني: وانا بعد حسيت بقلبي بيطير من دقاته.. وله غير طاير صوبه.

غانم: أنا بعد طرت للاستديو خليته يسوي نسخه ثانيه.

أماني: أيام صعبه حولت ذيج الصوره لوساده يحتضنها قلبي، وتبكيها دموعي الولهـانه لشوفه ذاك البيت اللي يتوسط الفريج الجديم.. أيام.

غانم: أيام.. من كثر ما يتكلمون عن مقام أهلها.. قلت ما أظن إنها بتاخذها هم وين.. وهالفقير المسكين وين.. تربيت عقب الصوره شهر قلت أجرب أطرش رساله.

أماني: أول مره حد يكتبلي كلام حلو.. بس أمي شكّت.. وفـي يـوم كشفت الموسده وشـافت الرسـاله والصوره وضربتني ضرب.

غانم: ما حسيت باللي سويته إلا متأخر.. أسبوع من عطيتها الرساله وما أشوف لها أي أثر.. وانا اللي أشوفها في الطلعه وفي الدخله تخبلت.

أماني: بس ما فقد الأمل.. كرر محاولته رغم مراقبتهم لي.. يوم أسير ويا أخته الحديقه ألقاه يلحقني شرات ظلي.

غانم: لازم أتجرّب منها، أبغي أتعرف عليها أكثر.

أماني: شرى المينون ما يستحي.

غانم: لازم أستغل الفرصه وأكلمها.

الاثنان: تعلقنا ببعض وايد.

أماني: ما شفت في الدنيا غيره.

غانم: ما شفت في الدنيا غيرها.

أماني: بس أمي حست هالمره إن السالفه زادت.. يتني ورمستني قالت ما أباج توقفين ويا هالولد مره ثانيه، والا بخبر أبوج.. ومنعتني.

غانم: طالت فتره المنع.. ما يبالها لازم أشوفها.. انخشيت ورا شيره جريبه من بيتهم.. وأول ما شفتها طالعه ويا بشكارتها (يتخيل بأنه اقترب منها) كيف حالج؟

أماني: أمي أمي أخاف هالمره تعلم أبوي (تتخيل بأنها سدت الباب في وجهه)

غانم: ما تصورت إنها تصدني وتصكر الباب في ويهي بهالطريقه.

أماني: مب مني خفت أمي تحس بهالعلاقه.

غانم: ما عرفت يومها وين أدق براسي.

أماني: دخلت علي أمي والشرار يتطاير من عينها..

قالتلي (مقلدة الأم) إنتي مينونه تعرفين هاذيلا منوه.. تدرين بالفرق اللي بيننا وبين هاذيل؟

غانم: قالي اياه أبوي يوم درى بسالفتي.. (مقلداً الأب) الفرق كبير يا ولدي حتى لو كان حب.

أماني: (مقلدة الأم) الفرق كبير يا بنتي حتى لو كان حب.

الاثنان معاً: في شي اسمه أصل ونسب.. هاذيلا..

غانم: أدري يا بوي منوه هاذيلا وشو نحن.. بس ليش ما نحاول.. الفروق هذه كانت في زمنكم.. بس الزمن اليوم تغير.. رغم كل كلامه ونصايحه عاندته وسرت ودقيت بابهم.

أماني: ليته دخل من الدريشه.

غانم: يومها.. لحقني أبوي وهو يثنيني عن هالسيره.. لكن الباب ما مهله تبطل.

أماني: كنت فوق في حجرتي أشوفهم من ورا الدريشه.

غانم: (كأنه يتخيل الموقف) أنا.. أنا ياي أتزوج بنتك.

أماني: (مقلدة ضحكة والدها)

غانم: (بحسرة) ما وعيت إلا أبوي وهو يجرني بقوة.

أماني: إلا بإيد أبوي تمسك يدين أبوه.

غانم: عصرها جدام عيني اللي انجلبت فيها الفرحه لقهر، وفجاءه عقاه جدام الباب.

أماني: (مقلدة والدها) مب ولدك يا الزطي اللي ياخذ بنت الحسب والنسب.. سير دورلك على أصل يلمك.

غانم: لفت الدنيا في راسي.. لهالدرجه نحن ما نسوى شـي.. ليش شواللي فينا غـير الناس.. ليش نحرني ذبيحـه عباب بيته.. حتى أبوي ما سلم مــن سجينه وهو يقـطر دموعه دم.. شليته وأنا أصرخ: سيارة إسعاف يا يواد الله.. ظلمت الدنيا في عيني وأنا أشوفه يذبل على فراش مرضه يوم بعد يوم لين ما ودع دنيته.. حزتها قررت إني أرحل (يبدأ بالرجوع إلى مكانه السابق)

أماني: قرر أبوي نتحول من هالفريج (تتبعه إلى المكان السابق)

غانم: بسير أدورلي أصل يديد في بلاد الله الواسعه.

أماني: (بحنية) الحادثه هذه خلتني أتعلق فيك أكثر.

غانم: لكن شو الفايده؟!

أماني: حاولت عقبها كذا مره أسأل عنك.. عرفت إنك مسافر.

غانم: قالولي الأصل والنسب في مكان بعيد قلت أسير أجيبه دامه مهر أبوج.. شهادة الدكتوراه هي أصلك ونسبك اليديد.

أماني: أول ما قالولي اللي بيخطبج دكتور.. الدنيا ما شلتني.. لكن.. طلع الدكتور خليل.. ولد ناس وعنده وعنده وعنده.

غانم: ترى هذا اللي يباه أبوج.. صدقها أمي.. لاتعب نفسك.. عمرهم ما كانوا من ثوبك.. ولا حتى يفكرون بك.. بس شو الفايده اقتنعت ابها متأخر.

أماني: صار البديل خليل.

غانم: والبديله منيره.

أماني: (بحزن) هم اللي حددوا العرس اليوم.

غانم: قالت أمي عناد فيهم لخلي الفرحه فرحتين.. فرحة رجعتك بالشهاده، وفرحة عرسك هاليوم.. ما دامهم بيعرسون بفندق النجوم.. هذه فرصه نردلهم إياها.. علشان أبوك يرتاح في قبره.. عرسك وعرسها في يوم واحد (يضحك وهو ينظر إليها) الدنيا صغيره.

أماني: معقوله بعد هالعمر كله (تنظر حولها) ال.. المصعد.

غانم: (يهز رأسه بإيجاب) هي نعم.. المصعد.. هالجماد قدر يسوي اللي ما قدروا يسوونه البني آدمين.

أماني: ال.. المصعد.

(يضحكان معاً غير مصدقين، ثم يتوقفان فجأة.. فترة صمت قصيرة ينظران إلى بعضهما.. يرافقهما مؤثر مناسب).

الانتظار الخامس

أماني: ليش ما نسيت؟

غانم: صعب أنسى.

أماني: غيبتك طـالـت.. بس ما قـدرت أنسى ملامح صورتك وعطر حبرك.

أماني: بس الأرقام.. المحاولات.. كل المحاولات فشلت.

أماني: المجازفه حزتها صعبه.

غانم: الغصه حسستني بشرقة الغرقه.. كانت إيدي قصيره.

أماني: مياديفهم الكبيره أقوى من جنحان الوله

غانم: كانوا يتلذون بقهرنا.. بصرخه مشاعرنا المسلوبه.

أماني: لكنك استسلمت.

غانم: سرت أدور لي نسب.. رقم مميز.. يليق بحسب أبوج.. خاصه لواحد شراتي اسمه لا فيه بن ولا فيه آل.. لين ما رفعت مقامي فوق فوق.

أماني: بس السعاده في نظري هي إنت.. عمري ما نظرت لحسبك أو نسبك.

غانم: بس هناك الآلاف مثلي يموتون في اليوم ألف مـره.. وكل اللي يملكونه قلب.

أماني: من أول ما دخلت المصعد وأنا حاسـه ان في شي بيصير.. إنت مب غانم اللي أعرفه.

غانم: هاذاك الضعيف اللي تعرفينه مات.

أماني: لهالدرجه قلبك متروس سواد!!

غانم: عقيت المشاعر جدام بابكم من ذاك اليوم.. عمره غانم ما بيطيح إلا واقف.

أماني: بس القصه انتهت.. غلطه ودفعنا ثمنها.

غانم: (بألم) ليتنا ما التقينا.

أماني: بيبقى هاللقاء حلم حلو رغم مر الحقيقه.

(يمسك غانم بطنه متألماً)

غانم: مر.. مر.. مر.

أماني: فيك شي؟

غانم: (ممسكاً ببطنه) بطني.

أماني: من شو تشكي؟

غانم: يوعان.. في خاطري صينية عوده متروسه عيش ولحم حــار.. ومرشوش عليهم زبيب وبصل محروق.

أماني: (بابتسامة) تم احلم.. ماشي فايده.. عيزنا من كثر ما نزقرهم.

غانم: لكني ما تعودت أصبر لين هالحزه بدون أكل.

أماني: الظروف لها أحكام.

غانم: تدرين ان أحسن ما في عيوش العزايم هي اللحوم.. بس عاد مب حياله لحــوم.. ترى هالأيام المطابخ الشعبيه قامت تعين ناس ما لهم علاقه بالطبخ، من جذه طعم الأكل تغير.

أماني: (مستغربة) هالمره بتصير فيلسوف في اللحم!!

غانم: دكتوراه جديده من صنع فكري هذا.

أماني: (مبتسمة) هالمره منوه اللي شار عليك منهم البيروني والا ابن الهيثم؟

غانم: (متفاجئاً) هاه.. ومنوه بعد هاذيلا.. طبابيخ؟

أماني: تراك مطلع على أخبارهم.. مسرع مانسيت!!

غانم: هذي أول مره أتعرف عليهم.. يللا ما عليه.

أماني: (باستغراب) لحظه.. شو اللي ما عليه.. إنت الحين من صدقك ما عرفتهم؟!

غانم: يمكن مارين علي في المطابخ.. تدرين واحد مثلي أكيد له معجبين، وبالأخص إذا كان مهتم بشي اسمه أكل.. ولحم.. أمي الله يرحمها كانت توصيني وتقولي ان أحسن أنواع اللحوم.. لحم الورج.. ليش لان لذة اللحم فيه.

أماني: (منصدمة) شو السالفه.. متى ماتت أمك؟!

غانم: يوه.. من زمان.

أماني: (مستغربة) من زمان.. وكلامك عنها وعن عرسك هذا وإنها بنفسها سارت بيت الوزير وعزمت حرمته؟!!

غانم: هالكلام عاري من الصحه.. خريط.. خذي الصدق مني.

أماني: (مبتسمة غير مصدقة) يللا عاد.. إنت الحين من صدقك والا تمزح؟

غانم: هالأمور جديه ما فيها مزح.

أماني: تبغي تفهمني ان كل هذا..

غانم: (يغني) وهم يا حبيبي وهم.

أماني: (مستغربة) وهم.. والدكتوراه؟!

غانم: أي دكتوراه؟

أماني: (متشككة) شو أي دكتوراه!!.. لالا أنا حاسه إن فيه شي غلط.. إنت شو سالفتك؟

غانم: سالفتي طويله ومملّه.. أنا سلمج الله أحب الأفلام وايد، وبالأخص يوم فيها شخصية البطل.. دكتور.. يعجبني الاسم أحس فيه وجاهه والا واحد مثلي سيكل شراتي في ذيج الساعه يوم بيستوي دكتور.

أماني: (تهز رأسها مصدومة) لالا، مب مصدقه!!

غانم: تدرين كانت جدامي احتمالات كثيره.. مهندس.. طيار.. معلم بس ما لقيت فيها المقام العالي.. الواحد دائماً يفضل الشي العالي علشان جذه حبيت أسكن على السطوح.. أطل على العالم الخارجي.

أماني: (مذهولة) شو هالورطه هذه!!

غانم: سمعتج.. بس ورطه جميله.. هاه.. هذا ما يعني إني ما أعرفج.. لالا، أنا أعرفج زين، وإنتي بعد تعرفيني من زمان بعيد.. بس وين ما أدري.. مش مهم.. المهم إني أحبج وأموت فيج.

أماني: (متسائلة) وعرسك من منيره؟

غانم: منيره.. بدينا نغار.

أماني: (بغضب) إنت شو تقول؟!

غانم: شكلج مب صاحيه.. أي منيره وأي عرس؟... هالفندق فيه أعراس وايده.. عن أي عرس تسألين؟

أماني: (باستغراب أكثر) وهاللبس اللي لابسنه؟!

غانم: البشت والغتره مـال علوي ربيعي، دومي أتسلفهن منه أيام الأعراس، تدرين الواحد لازم يكشخ علشان يغترون فيه.

أماني: يعني كل اللي صار.. لالا مب مصدقه.

غانم: صدقي.. العرس اللي طاف سرقتله صينيتين متروسات عيش ولحم.

أماني: منوه؟

غانم: علوي.. بس ما بيّن في عينه، ويوم بغيت أتسلف صديري أبوه رفض، لكن ما عليه ليام يايه.

أماني: (خائفة.. مبتعدة) لالا، أنا بالفعل مب جدام إنسان طبيعي.

غانم: (ضاحكاً) الحين استويت مب طبيعي.. الله على الدنيا الكبر لله، يوم الله أعطاكم الخير رفعتوا راسكم على الناس.

أماني: (للخارج) ياللي برع... إنتوا ياللي هناك.

غانم: ماشي فايده ساروا (ينظر للأعلى) ما بقى غير السلك.

أماني: (مهددة) شوف ما أبغي أسمع أي كلمه زياده.. تراني واصل حدّي ما تقولي إنت منوه.

غانم: مجلمج يطلقون عليه غنوم السيكل خطاف الصياني، دكتوراه في الأعراس.. من أسمع عن عرس بعيد أو جريب تلقيني أول واحد وبسرعة البرق.. محد سبقني للصينيه أبد.. أفهم في أنواع اللحوم والشحوم.

أماني: (مستغربة) لحوم وشحوم!!

غانم: بس أعجبج مب أناني لا.. ساعات من كرمي..

أشل بالصينيه والصينيتين ووديها حق الربع.

أماني: (منصدمة وهي تبكي) لالا، ليش يصيرلي جذيه.

غانم: لازم تنصدمين علشان تحسين.. هنيه بتكون الذروه.

أماني: (خائفة مبتعدة عنه) وشلي تريده مني؟

غانم: أريدج إنتي.. أنا أنا ما صدقت أحصلج.. أبى صينيه متروسه عيش ولحم... لالا أريد.. خلينا نتزوج.

أماني: هاه أتزوج ومنك إنت.. لالالا.

غانم: شو اللي لا.. ما عندنا حريم يخالفون شور أزواجهم.. يللا.

(يتناول الغترة والعقــال ويبدأ في تعديل هندامه، بينما أماني ترجع خائفة إلى إحدى الزوايا، وهي تكرر)

أماني: تحمل تتجرب سامع.

غانم: لالا تخافين يا أماني.. صح إني ما أملك الألقاب والفلوس لمنثره.. لكني أملك قلب أخضر صغير.

أماني: (مبتعدة فزعة) لا.. لا ما أبغي أسمع.

غانم: أملك حب أبيض شرت الثلج ما سوده أبوج بظلمه.. رغم قهر ذيج لسنين المره اللي جتل فيها أبوج أبوي ع باب بيتكم.

أماني: (بخوف) دخيلك ما أريد أتزوج.

غانم: أبـوج ظن إنـه جتل كـل مشاعرنا وأمانينا العطشانه.. لا.. لا يا أماني بس ما قدر لان الحب أكبر منه.. من جذه مات من دون ما يفهمه.

أماني: (للخارج) طلعوني من هنيه.

غانم: مهما حبسونا وقيدونا بنتم أحـرار.. حتى لو دمرني أبوج بسوط نفوذه... حتى لو قبر فرحة أمي.. بنتم نتفس حب حب.

أماني: (تبكي بحرقة)

غانم: لا تخافين أنا بتم أمين عليج.. بس هالمره ما بخليهم يسرقونج مني لالا (مبتسماً) مب أنا فارس أحلامج.. عيل خلاص هالمصعـد هو حصاني الأبيض اللي بيطير بنا هناك صوب النجـوم.. عطيني إيدج.

أماني: لالا.. دخيلك.

غانم: (فرحاً) خليها مره تصـدق، ونتزوج يللا عاد..

شوفي المعازيم بدوا يتجربون، يللا استعـدي.

(يذهب نحوها ويجرها، وهي تحاول صده، بينما يشـبك يده بيدهـا وهو يغني) سـبع ليالي وليلتين وليلـه حتـى نوصـل دارج يـا زينه (مـع مؤثر موسيقي مناسـب، تبدأ الإضاءة بالتـدرج نحو الإظلام)

(النهاية)

قرمـوشـه

مسرحية

الشخصيات

1 – قرموشة بنت ناصر الصفار: سيدة في الستينيات.

2 – منيرة: ابنة قرموشة في منتصف العشرينيات.

3 – بوخلفون: مرزوق من عائلة ثرية في السبعينيات.

- المكان: مكان ما من ذاكرة منيرة.

- الزمان: مساء أحد الأيام الحاضرة.

(إضاءة على منيرة التي تقف في مكان مرتفع وهي تمسك ببرقع،
وتنظر إليه وتردد بعض الأبيات الشعرية.. تتداخل معها شـلات بين
قرموشـة وبوخلفـون، تضاء علـى إثرهما بقعتان؛ واحـدة في أعلى
اليسـار، حيث يجلس بوخلفون على كرسـيه وهو ينظـر للبعيد بلهفة
وشـوق، وأخرى لقرموشـة وهي تجلس بجانب براقعها، وهي تنظر
لقطعة الشيلة «قماش أسود خفيف»)

منيرة: أذكرك لي سيرتك بي تعـود... في هالفضا
أهـذي بطريـاك أتنفس البرقـع شرى العـود.....
لي هب في مثلك وشـرواك.

(تضـاء بقعتا قرموشـة وبوخلفـون، وتطفأ بقعة
منيرة)

قرموشة: أذكرك يا غايب وموجـود
متوسـده يا شـوق ذكراك

بوخلفون: أذكرك ياللي طبعك صدود
يا مشقـين عقلـي بـطرياك

قرموشة:	أدميت قلبي بصد وجحـــود
	أبـدٍ ولا حـــد يـــوم لامـــاك

بوخلفون:	ما يتـني منـك أية ردود
	صـــابر أنا متمنـي أرضاك

قرموشة:	عيـني أبد ما شافت النـود
	والقلـــب م اللوعــــه يترياك

بوخلفون:	أموت أنا في عيونك السود
	وأحيـــا على خطـوات لقياك

(تتوقف قرموشة وتلتفت إليه)

قرموشة:	من اللي تموت على عيونه السود يا اللي ما تخيل ولا تستحي؟

بوخلفون:	إنتي يا ضنى الروح.

قرموشة:	ويخسك الله يا الشيبه لمجسح.

بوخلفون:	الشيبه يوم شافج رد شباب ما فيه جساح.. قام يقصد لجل خاطر عيون قرموشة أحسن قصايد.

قرموشة:	هي ما أدري منوه في زمانك.. تتتحرى نفسك لملوح.

بوخلفون:	ومنوه بعد هالملوح أعرفه أنا؟

قرموشة:	تراك يالس تقصد ما تعرف اللي حب ليلى.
بوخلفون:	هذاك ينقاله قيس.
قرموشة:	ولملوح أبوه.
بوخلفون:	وإنتي شو يخصج في أبوه.. خلج في بوخلفون.. العاشق المتيم في حب قرموشه.
قرموشة:	بسك استحي وخيل عنبوك.. وين ما تسير يالس تهاذي باسمي.. قرموشه وقرموشه.. استحي عاد.
بوخلفون:	ليتني أقدر يا قرموشه أهاذي فيه العمر كله.
قرموشة:	بعدين إنت شو ميلسنك ويا الحريم؟!
بوخلفون:	حريم.. جيه وينهم الحريم؟!
قرموشة:	وي غربلك الله، وجيه اللي جدامك مب حرمه؟!
بوخلفون:	إلا شيخة الحريم كلهن.
قرموشة:	عيل يللا.. قوم اطلع ما أبى أشوف رقعة ويهك.
بوخلفون:	ويهون عليج عذاب بوخلفون؟
قرموشة:	قلتلك اطلع يا جليل الحيا.. خسك الله وخسى هالشيفه.

(مؤثر موسيقي مناسـب.. يختفــي بوخلفون.. تعود قرموشـة لبراقعها وهي ترفعها مستغربة.. ثم تبتسم)

قرموشة: يــا برقعٍ ضــاوي بالهدوب
محــلاك ياللــي مزيــن التــوح

حجب الحيا به شروق وغروب
والخشم ســيــف بعالي لصروح

(تتناول برقعاً آخر وتبدأ في وضع صلب أيسكريم «خشــبة صغيرة توضع في مقدمــة البرقع»، ثم تضعه، وتتنــاول خيوطاً حمراء تعرف بالهدوب وهي تخيطه بالبرقع)

قرموشة: بنت قوم مطـير سوت العجب لي شيب الراس.. بغاها الغـريب لكنها ما بغته.. جـزته، لكن الغريب من شافها تخبل حاله ما قر قـام وطرش أمه تخطبها.. بنت مطـير وصلـها الخبر.. ومن الضيجه تحيرت وآزمت تقلب فكرها يمين وشمال.. لين ما عاينت لها خلقة سوداء. (إضاءة مناسبة على منيرة، تقف في الخلف وهي تكمل سالفة قرموشة)

منيرة: رفعتها في سما عينها وضحكت.. وقامت وسوت

فيها خبوق وعقبها غطت ابها ويها..

قرموشة: (مستغربة) وإنتي شودراج؟!

منيرة: تراني أسمعها منج كل يوم يا أمي.

قرموشة: هي بس اللي ما تعرفينه ان أول ما دشت أم الغريب عليها الحجرة.. شافتها.. زاغت.. وقالت..

صوت بوخلفون: عافاني الله شو هالشيفه..

قرموشة: عاد من الزيغة شردت الحرمه.. وأول ما استخبر مطير بسالفة بنته.. حرج وزعل..

الثلاثة معاً: وعناد في سوايا بنته خلاها لابسه هالخلقه طول ماهي حيه. (تتوقف عن الخياطة تتلفت، يختفي الاثنان.. تعود للبرقع ترفعه عالياً تتمقل فيه، ثم تعود وتواصل)

قرموشة: سالفه جديمه خبرتني عنها أمي موزانه.. عاد الناس عقبها بدوا يتعضون باللي سوته بنت مطير لان فعلتها هي سبب هالبرقع اللي بين يديني.. خلت البنيات يتحشمن ويسترن على ويوهن (تتوقف، ثم تعاينه وهي تضيف بعض الخيوط) من جذه الحريم يتفنن في نمونة

هالبراقـع.. هي شي عجب.. منه الطويل ومنه القصير والعريض (تذكر بعض مسميات البرقع، ثم تضحك).. سوالف البرقع ما تخلص. (نستمع لصوت منيرة وهي تـدنـدن ببعض الأبيات الشعرية.. بينما قرموشة تقـف وتتقدم للأمام كأنها تنتظر أحداً) الا فطوم بن بوخماس ما بينت.. شو اللي حـيـرها.. عيل مسودة الويه تباني أجهزلها حايتها في ساعه جيه.. أنا مكينه هـذاك قبل أيام الشباب.. كنت في اليوم الواحد أخلص عشرين برقع.. بس الحين ما عنثري.. بزور وقوه ثلاثة براقع وبس. (تلتفت.. لنكتشف وقوف منيرة خلفها)

قرموشة: تفيقتي.. الحين حسيتي ان عندج أم تسألين عنها؟

منيرة: مكان شغلي بعيد يا أمي.

قرموشة: يهالشغل اللي تهاذين به ليل ونهار!!

منيرة: أمي شغل جوازات المطار مال وقت دوامهم بالشفتات.. يوم عندي ويومين رخصه، ويوم في ضغط تراهم يأخرونا.

قرموشة: وهاذيلا اللي في الجوازات ما يعرفون ان عندج أمج تسألين عنها؟

منيرة: (بلطف) إن شاء الله جريب أوعـدج إني آخذ إجازه وأجابلج ليل ونهار.

قرموشة: جيه تتحريني طحت وأبغي حد يشلني.

منيرة: (بلطف) أفـا.. مب قرموشة بنت ناصر اللي تطيح.

قرموشة: هي تمي قصي علي بهالكلام.

منيرة: إش رايج أول ما آخذ إجازه أوديج بمبي ترتاحين فيها؟

قرموشة: شوه بمبي.. لا بوي حصلوا في فنادقها قنابل.

منيرة: (باستغراب) وإنتي شودراج؟!

قرموشة: هذه علوم التلفزيون خلق الله ماخلق ماتوا.. لالا بمبي أبد ما أسيرلها.

منيرة: إنزين شو رايج أوديج لندن؟

قرموشة: لا هذه بارده.

منيرة: إنزين وشو رايج أوديج المالديف؟

قرموشة: لالا عندي ليف وايد.

منيرة: المالديف يا أمي.. إنزين ما عليه إنتي في خاطرج اتسيرين؟

قرموشة:	أبغي أسير... تبايا يقولون هناك يدلكون.

منيرة:	وين بعد هالبلاد.. هيه تقصدين بتايا اللي في بانكوك؟

قرموشة:	هي هذه بونكوك يقولون زينه. (تضيء بقعة على بوخلفون)

بوخلفون:	وشو تبين إنتي في بانكوك؟!

قرموشة:	وإنت شو يخصك؟

بوخلفون:	كل المصاخه فيها.

قرموشة:	بوخلفون إنت قر مكانك ولا لك خص.

بوخلفون:	وأنا قلت سير بانكوك ما بتسيرين.

قرموشة:	أنا ما عليه من حد.. بسير وبستانس.

(يختفي بوخلفون)

منيرة:	(ضاحكة) ولا يهمج يا أم منيرة وين ما تبين بوديج.. بس أهم شي إنج ترضين عني.

قرموشة:	ومن متى تحيدني مب راضيه.. الحمدلله على كل حال.

منيرة:	الحمدلله.. (تفتح حقيبتها وتناولها) نسيتيني

الهدوب اللي طلبتيهن يا أمي تفضلي.

قرموشة: 	(تتناول منها الهدوب) وصلوب الأيسكريم إن شاء الله دورتيهم في السجيك؟

منيرة: 	هاذاك قبل ندور هم في السجيك.. المهم اني تعنيت وسرت ويبتهن من المصنع.

قرموشة: 	يا أمج حتى لصلوب قاموا يسوونها في المصنع.. الا ما تراوتلج فطوم بنت بوخماس وإنتي يايه.. ترى براقعها جاهزه.. آذتني بطلبها... ثلاثه أيام سهرانه أجهزهن.

منيرة: 	أمي فطوم من خمس سنين متوفيه.

قرموشة: 	(متفاجئة) هاه.. من جذه مايت تاخذ البراقع!!

منيرة: 	الناس اللي يشترون البراقع قلوا.. ما تم منهم غير اثنين والا ثلاثه.

قرموشة: 	على أيامنا يتسابقون عليهم.. والوحده منا ما تنام من كثر الطلب.. ومب طايع يخلص الا عرس الا عيد الا سفر.

منيرة: 	زمننا الحين ويوه الناس هي البراقع.

قرموشة: 	شو بعد هالرمسه المخبقه؟

منيرة: 	هذه الرمسة العدلة يامي، البراقع هالأيام هي

ويوه الناس المتقلبه شرى القناع كل حد منخش وراه.. يتلونون بألف لون ولون.. ما تعرفين فيهم الطيب من الخبيث، والظالم من المظلوم.

قرموشة: هـذه رمسه غريبـه.. عيل ويـن سـار الحيا والمستحى؟!

منيرة: فصخوه.

قرموشة: أستغفر الله.

منيرة: عقوه.

قرموشة: وي غربلهم الله.

منيرة: كشفوه.

قرموشة: بس يا بنتي لا تكملين.. معقوله عاد كل هذا!!

منيرة: كل هذا استوى من يوم عقوا البرقع.. وعقوا وياه الحيا.

قرموشة: جيه وين عايشين... الحين براقع قرموشه مالها ويوه تسترها.. منوه يصدق هالرمسه أكيد الأوادم تخبلوا.

منيرة: براقعج يا أمي علقوها زينه.. وحد منهم يبيعها للغرب للذكرى.. وحد يطمش عليها ويصيح.

قرموشة:	هالبراقع شرف وعزه وستر للبنت والحرمه.. انولدت ويانا من يوم كنا يهال.. وأنا أشوف أمي وأخــواتها وبنات الفريج وهن ساترات وجوهن بهالبراقع.. كبرنا وكبرت ويانا البراقع سترت حيانا.. أدبتنا وجدام الخلق قدرتنا وشرفتنا.. حفظتنا من يور هالزمن اللي سوته بنت مطير سوايه عدله.
منيرة:	من متى يا أمي وإنتي تهاذين في بنت مطير.. هذاك زمن يا أمي.
قرموشة:	يالسه أتنصخه في كل لحظه (تتنهد) أبرك من زمنكم.
منيرة:	الناس تبدلت مب الأوليه.. اخترعولهم أشياء كثيره تلهيهم.. اللي يلبس برقعج اليوم يسمونه متخلف ورجعي.. زمانكم غيبوه.. ويوم عن يوم بدوا ينسونه.
قرموشة:	وأولهم إنتي!
منيرة:	الحجاب والعباه ساتريني.
قرموشة:	وشفيه البرقع؟

(يظهر بوخلفون في إضاءة منزعجاً)

بوخلفون: في ألف عله وعله.

قرموشة: بوخلفون وبعدين وياك!

بوخلفون: شحقه مغطيه ويهج جيه ما تعقينه.

قرموشة: عقوك إن شاء الله في ضيجه.

بوخلفون: بسج عاد وإنتي لابستنه ليل ونهار، خليني أشوف ويهج.

قرموشة: وشتبابه ويهي؟ إنت ياللي ما تستحي ولا تخيل.

بوخلفون: مب حكم اللي سوته بنت مطير هذه.

قرموشة: عيل عناد فيك ما بعقه طول ما أنا حيه.

(تختفي بقعة بوخلفون.. تقترب منيرة منها)

منيرة: يا أمي لازم تعرفين ان حياتنا اليديده تبى جذه.

قرموشة: تباكم تفصخون ثوبكم، وتتبرون عن أصلكم!!

منيرة: لا تجمعين يا أمي.. كل ساعه لها لبوس.. وزمننا يبغي اللي يجاريه.

قرموشة: ما أدانيه.. سرق عني كل خلاني وتميت أهاذييهم ليل ونهار.. من طحت في هالدار محد منهم نشد عني.

منيرة:	شو هالكلام يا أمي، وأنا وين سرت؟!

قرموشة:	أنا ما عنيتج.. عنيت اللي فطميتهم وغدوا ريابيل رووسهم طالـت فوق الثريا، منهم الوزير والسفير وغيرهم وينهم!!

منيرة:	الدنيا ماخذتنهم والهوا شالنهم.

قرموشة:	شليتهم يوم عيزت أيادي أمهاتهم من إنها تشلهـم.. شليتهم على ظهري وأنا ألاعبهم وأمريحهم.. خـذيتهم في حضني من يوم كنا نروي الما.. ياما مرضوا ومن ثمـن بيع البراقع سقيتهم وأكليتهم.. علشانهم تحملت رمضة القايله اللي يلفت ريولي من نارها، وقلت ما عليه يا قرموشه.. هيدي ضرعج اللي نشف من عطشهـم بيرد يثمر زرع بالغ بيشلج في عوزتج بيداوي جروح ريلـج وبيكفف دمعة السبيل اللي روتهم.. آه يا قرموشه وآخـرتها زرعج ييس وأرضج قفرا ما فيها نسمة مطر.. الخير ضاع صدقه.. أنا ما بغيت منهم شي لا مال ولا حلال.. كل اللي بغيته يتنشـدون عني عن أمهم قرموشة.. بس هذا مناي.

(تقترب منيرة من أمها، وتحاول أن تطبطب عليها وتهديها.. مصحـوب بمؤثر موسيقي مناسب)

بوخلفون: (ينادي من الخارج) قرموشه.

قرموشة: (تفز من مكانها) وخيبه تخيبك.

منيرة: (مبتسمة) من طريتي الخلان هلوا.

قرموشة: (بتذمر) بوخلفون خلان.. هذا الا خبله والا عيل.. شحقه يهاذي باسمي لين ما غديت لبانه فحلجه.. كره الله شيفته.. شو اللي يايبنه الحين؟!

منيرة: يمكن حن لشوفتج.

قرموشة: خسى الله شيفته.. ما أدانيه بعيشة الله.

منيرة: سوي شرات بنت مطير.

(تتناول قرموشة أحد البراقع وتبدأ بلبسه.. تختفي منيرة.. يظهر بوخلفون وهو بعكازه مقترباً منها)

بوخلفون:
يـا حي مـن شـافته لعيــون
ابرقعـن غـاوي ولمـاع

يا بخـت مـن سـماك مزيون
سـيفن وسـط اعيونن اوساع

(يشير بوخلفون لمنيرة بأن تذهب)

قرموشة: وإنت متى بتيوز عن سوالفك هذه.. جنك ياهل؟!

بوخلفون: عندي من هالقصيد وايد.. من يوم ما وايقتي من

دريشة بيتكم حزة ردتنا من الغوص لين هاللحظه
اللي نحن فيها.

قرموشة: وإنت ما شبعت وإنت تلاحقني.. استحي.

بوخلفون: الـهـوى والعشق يـابـاني
لـيـن دار الخـــل يا غالي

لاخليـت عنكـم يـا خلاني
لي هواكم ساكن أوصالي

قرموشة: (أكثر خجلاً) استحي وخيل عيب.

بوخلفون: عيزت أكتم يا قرموشه.

قرموشة: رمستك هذه ما تيوزلي.

بوخلفون: متى بس بلين قلبج الجاسي!

قرموشة: كلامك هذا قلته لكل حد.. تتحراني ما أدري آزمت اتلاحق البنات، ما بقت بنيه في الفريج ما قلتلها هالقصيد.

بوخلفون: أفا.. قصيد عن قصيد يفرق.. قرموشه غير عن هالبنات كلهن.

قرموشة: هي قص علي بهالكلام.

| بوخلفون: | أفا يا مهجة الروح يا وردة البستان. |

| قرموشة: | الحين أنا كل هذا؟! |

| بوخلفون: | واكثر.. أكثر.. |

من زود مـا أعشـقج وأهواج
النـوم فـارقني من سنين

آزمـت أنـا أتّبـع خطـاج
كل يوم أقول الحين بتبين

| قرموشة: | وشو يبى ولد المشايخ من قرموشة بنت بوناصر.. الصفار اللي يحوم لبيوت يدوّر مواعين جديمه. |

| بوخلفون: | العشق ما يعرف الأصول عمي ودربه دليله. |

| قرموشة: | شفايدة هالكلام الحين حزتها تبعت رضى أبوك.. اللي عطاك أحسن من قرموشه.. إشتبى بوحده ما تنفعك.. ولا تشرف نسبك. |

| بوخلفون: | تراني طاوعته وهاذهم عيالها خذوا كل اللي يبغونه وفروني.. حمدت الله ان الصدفه يمعتنا من يديد. |

(تضيء بقعة على منيرة في الخلف وهي تردد شلة حزينة)

| قرموشة: | عقب شوه.. ما تم من العمر شي.. غير براقعي |

اللي أتوسدهم خراريف يسلون وحشتي..
ويمسحون دموع غصة الليالي.

بوخلفون:	بعوضج يا قرموشه.

قرموشة:	سبقتك بومنيرة.

بوخلفون:	الخبر نزل علي شرى السيف.. ظلمت الدنيا في عيني.

قرموشة:	ذوق اللي ذقته.

بوخلفون:	بس الزمن دار والحال تغير.

قرموشة:	الزمـــن مـــا هو زمـــن لول
ما بقى به شي موجودي

بوخلفون:	كل مـــا بـــه تبدل اتحـــــول
ذاك وطرن ليته ايعودي

قرموشة:	بيننا وبين القبر شبر.

بوخلفون:	قدرنا ونصيبنا إننا نعيش جذه..

قرموشة:	البراقع لهتني وخذتني لدنيا ثانيه، سوتلي صيت في كل هالبقعه.. آزموا الناس يضربون فيني الوصف.. خلق الله من كل مكان يطايرون على براقع قرموشه.

بوخلفون: الحين صارت البراقع تهمج أكثر عني!

قرموشة: اللحظه اللي طلبت فيها العون محد مد لي إيده غير هالبراقع.. هي اللي وقفت وياي، ردت الروح فيني.

بوخلفون: البراقع ما فيها قلب.

قرموشة: بس فيها روح.. حست فيني وشلتني حزته الضيقة شرات ما شلت بنت مطير.

بوخلفون: بنت مطير سالفتها شرى الخراريف.

قرموشة: لكن ذكراها عايشه فيني.. وبتم تستر ما بقى من أيامي لين ما تحمل ذكراها بنت مطير يديده تكمل عقبي.

بوخلفون: تتوهمين يا قرموشه.. الحياه تمشي مثل ما هم يبونها تمشي.

قرموشة: منو هم؟

بوخلفون: اللي وصلوها لجذه.. اللي خلوا الولد يترك أبوه ويعقه وما ينشد عنه... اللي فصخوا ثيابهم.

قرموشة: وغربلهم الله ردوا بعد.

بوخلفون: ولبسوا مرصص.

قرموشة:	وابويه.

بوخلفون:	وكشفوا عن حياهم.

قرموشة:	صدق إنهم ما يستحون.. وشو يبون يسوون فينا؟!

بوخلفون:	نحن عايشين في زمنهم ولازم نسايره.

قرموشة:	ونفصخ حيانا؟

بوخلفون:	هيه.

قرموشة:	شو اللي هيه؟

بوخلفون:	قصدي يا قرموشه نسوي اللي خاطرنا نسويه من زمان.

قرموشة:	هيه بس قرموشه مب رخيصه.

بوخلفون:	محد قال جذه.. منوه بقى لنا.. قولي هاذهم عيالنا عقونا والتهوا بدنيتهم.

قرموشة:	تراك حزتها تعلقت بهوى بنت عمك.

بوخلفون:	.. تراني قلتلج ما أقدر أكسر رضى الوالدين.

قرموشة:	هاذهم الحين.. طلعوا جاحدين شرات أمهم اللي سلبك غواها.

بوخلفون: شيبي صار ما يشرفهم.. انشغلوا وتم كل واحد منهم يفرني من بيت لين بيت.

قرموشة: وجيه هم ما حسوا بغيبتك.. صدق إنهم عيال آخر زمن.

بوخلفون: حمدت ربي ألف وديه إني بيت هنيه عندج، أقلها أقضي اللي باقي من عمري بقربج.

منيرة: وشو اللي بقى من هالعمر؟!

بوخلفون: العمر قدر يكسر كل لقيود اللي ما بيننا، وهذا هو حطنا بميدار بيمه وعقنا على فرضه هالزمن.

قرموشة: ميتين ما فينا نصخ.

بوخلفون: لا تقولين جذه نحنا.. بعدنا نتنفس الذكرى.

منيرة: بتتبخر مع أول طلعت روح.

بوخلفون: الحياه حلوه.. ليش كارهتنها؟

قرموشة: لاني ما ذقت فيها يوم حلو.. هدوب براقعي تمت تدبي في عروقي لين ما جفت كل أغصانها الخضراء وغدت يابسه.

بوخلفون: بنسقيها بحس ريقنا الباقي.

قرموشة: (تتقدم للأمام في حيرة) يا مرزوق أنا..

بوخلفون:

كل اللي تبينه أنا حـاضر فيه.. دخيـلج يا قرموشه هالمره لا تردينـي.. خليني أجحـل عيني بحلـم تربيته أكـثر من 30 سنه لزقرتي اللي ضيع عمرهم في لعبه وخقته.. لزقـرتي اللي علقه أبوه ابنت عمه، وقال هذه حرمه ولا كل الحـريم.. الله والحـرمه عاد.. حرمة ما تقدر لقمتها وشربة مايها وزادها يسمونها حرمه.. حرمه ما ثمر فيها نسب الدم يسمونها حرمه.. حرمه تهون عليها عشره سنين الشقا ويسمونها حرمه (يتنهد) آه يا سنيني ضـاعت من أول ما طحت وهي تتمنى مـوتي اليوم قبل باجر.. وأنا متحمل.. متحمل كله علشان خاطر لعيال.. لعيال (يتنهـد) ولخيبتين.. طلعوا مثل أمهم الخير نشف من ويوهم، وآزموا يتسابقـون ورا البيزه.. ما خلوا شي ما باعوه من الحـلال.. إنزين ما عليـه برضى إنكم تاخـذونه بس ردولـي تعبي.. ردولـي شبابي.. ردولـي عمـري اللي ضيعتوه بجحودكم بليا فايده.. من جـذه يا قرموشه تعلقت بج لاني عفت لمغـطاي وركضـت ورا المكشـوف لين ما فضحني ووصلني لهالحاله.. يا الله بحسن الخاتمه.

قرموشة:

عورت قلبي بكلامك.. خلاص بشاور منيرة وبرد عليك.

منيرة:

قولي هيه يا أمي.

بوخلفون: تشاورينها.. الحين منوه فيكم الولي؟

منيرة: قولي هيه يا أمي.

قرموشة: ما يصير يا مرزوق نعرس منيه والدرب.

بوخلفون: (يخلع خاتمه ويهم بمناولتها) إنزين يودي هالخاتم
               خلينا اعتبريها ملجه.

قرموشة: صدق إنك ما تستحي وتخيل.. تهديني خاتم قليت
               ما يسوى.. جيه تتحراني شرات بنات هالأيام
               اللي ينقص عليهن، لا أبوي لا.

بوخلفون: (يعيد الخاتم لإصبعه) تراج حيرتيني بردج!

قرموشة: مب وقته يا مرزوق.

منيرة: ومتى يا أمي بيي وقته بس متى؟! (تتقدم قرموشة
               للأمام وهي تفكر في كلامه.. تطفأ إضاءة
               المكان عدا بقعتها.. مصحوبة بمؤثر موسيقي)

قرموشة: عطني كمن يوم بشاورها وبرد عليك.. هذا
               عرس مب لعبه.. لازم نفكر كيف بنجهزله..
               ووين ومنوه المعازيم.. وشو بيقولون عني
               عقب هالعمر.. خلني أشوفلي برقع غاوي يغطي
               هالحفر اللي في ويهي.

               (يبدأ عرس الاثنين مصحوباً بأهازيج شعبية..

(ويقف الاثنان معاً إلى أن يخرج بوخلفــون وتبقى قرموشة بعد أن وضعـــت شيلتـها جانباً.. تظهر منيرة وتقترب منها)

منيرة: وهو وينه عنج كل هالسنين الحين بس حس فيج؟!

قرموشة: (بخجل) يقول إنه حلم حياته.. وإن القدر جمعنا هنيه.

منيرة: ما أدري يا أمي هالشي يخصج.

قرموشة: حس الريل في البيت متروس
دخون يتلاعب بالانفاس

لانه فنــر يضوي فـي لنفوس
حبه بيبقى غير هالناس

منيرة: لهالدرجه متولعه بالريل!!

قرموشة: الحرمه يا أمي بلا ريل ما تسوى.. وهذا إنتي، أنا كمن مره بغيتج تعرسين وإنتي..

منيرة: (مقاطعة) أمي إنتي شو تقولين جيه.. نسيتي صالح!!

قرموشة: صالح وأبوج.. الله استخارهم.

منيرة: بس بعده مكانهم مسكون بنصحهم اللي نتنفسه.

قرموشة: يا بنيتي.. اليسد يرتجف شوق لحضن دافي.

منيرة: عمر الدفى ما بردّ حرقة الغصه.

قرموشة: ما ياخذ الإنسان غير اللي المكتوب له.. الوحده ضيجه ووحشة.. الليالي تبغيلها فنر يسفر في سما اليوف.

منيرة: خليه يسفر بظلمة وحشتج.. ظلمتي ما أظن فنارات الدنيا بتضويها.

قرموشة: شعنه يا بنتي إنتي حلوه وبعدج صغيره.

منيرة: نسيتي يا أمي.. سبحة الخطاب ممدوده.. وخيطها من يره انقصي.

قرموشة: نصيب يا بنتي.

منيرة: نصيب.. جاسم من ثاني يوم خطبة مات بحادث سياره.. وسليمان ولد عمي ما كملت ملجته شهر ومن استلم رسالة البعثة هـج وسافر.. فر عليّ ورقة الطـلاق، ونحنا بعدنا ما دخلنا.. سنتين والناس تهاذي بنا.. منيرة نحسه فيها وفيها نسيتي.. قلتي بتسدين حلوج الناس قمتي وجحليتها وجوزتيني صالح.. وهـذا هو ما كمل سنتين ومات بالخبيث.

قرموشة:	(تنزوي في زاوية.. تمسح دموعها)
منيرة:	(بشيء من الحرقة) خذيه يا أمي خذيه.
قرموشة:	عقب اللي قلتيه.. تبغيني أرضى!

| منيرة: | إنتي صبرتي وايد.. ما ألومــج.. طول هالسنين وإنتي تداريني.. مات أبوي وأنا عمري سنتين تحملتي وايد.. يا الوقت اللي تلتفتين لنفسج. |

| قرموشة: | إنتي من صدقج.. لالا.. شكلج يقول مب راضيه.. لالا ما أبغي أعرس. |

| منيرة: | (تمسح دموعها) خذيه يا أمي يمكن تردلج ذيــج البسمه اللي ضاعت.. الحرمه مثل ما قلتي ما تسوى بدون حس الريل في بيتها. |

| قرموشة: | لالا.. ما ودي أخليج. |

| منيرة: | التفتي لنفسج، وخلي عنج تقريض البراقع. |

| قرموشة: | (بغضب) شوه أخلي عني البراقع.. ايا اللي ما تستحين وتنتخين كله ولا البراقع.. نسيتي إنه البراقع اللي جهزتج وخلتج حرمه. |

| منيرة: | شو فيج أمي انهديتي مره وحده؟! |

| قرموشة: | تسبيني وتبين أسكت!! |

| منيرة: | وأنا متى سبيتج؟ |

| قرموشة: | ما أرضى على براقعي.. هيه.. (تتقدم لبقعة.. ثم تجلس وهي تنظر لبراقعها وتحضنها) |

| قرموشة: | بنت قوم مطيـر سوت العجب لي شيب الراس.. بغاها الغريب لكنها ما بغته.. جـزته.. لكن الغريب من شـافها تخبل حاله ما قر.. قـام وطرش أمه تخطبـها. (تطفأ بقعة الأم.. تعود بقعة البنت في بداية المسرحية.. تنظر منيرة للبرقع الذي بيـدها، ثم تنظر للمكان مودعة مـع تساقط دموعها) |

| منيرة: | كل يوم أقول يا الغالي لك هود |

وألقى الفؤاد يحـن لهداك

يـا برقعـن من ويهي مفقـــود

بتـم أنا متوسده ذكراك

أدري اللـي راح لا يمكن يعود

وأدري الزمن له يوم وينساك

(يبـدأ إظـلام تدريجي مصحوب بمؤثر مناسب معلناً النـهاية)

غـرام إنسـتغـرام

مسرحية

الشخصيات

1 – بدر: شاب في العشرينيات.. قبيح المنظر

2 – قمر: شابة في العشرينيات.. قبيحة المنظر

3 – عبير: صديقة قمر الحميمة.

4 – محيي الدين: صاحب البقالة – صوت

المشهد الأول
– المقدمة –

(صوت كتابة إلكترونية يضيء الشاشة الوسطى، لنرى كلمـــات مـؤثرة يكتبـها كل مـن بـدر وقمـر)

بدر: الحب والغرام ولـدا منذ سنوات طويلة، منذ روميو وجولييت، وقيس وليلى.

قمر: وعنتر وعبلة، وجميل وبثينة، والآلاف من العشاق غيرهم.

بدر: كيف كـان شكل الحب.. وكيف كان العشاق يتهافتون عليه؟!

قمر: كل هذا كان في حكاية حبنا.

بدر: غرامنا الـذي بـدأ من أول لايـك وفولو على الإنستغرام.

(تظهر صورة فتاة جميلة على الشاشة)

قمر: اسمي قمر.. اسـم على مسمى.. فتاة بسيطة، وبساطتي جعلت من الشعراء يستلهمون أبيات قصائدهم من جمال عينيَّ.

(تتغير الصورة إلى صورة شاب جميل)

بدر: وأنا اسمي بدر.. لست بدر البدور إنما بدر يهوى الأقمار الساهرة في ليل الحيارى.

(تتبدل الصورة إلى صورة الفتاة)

قمر: أحب الهدوء والتواضع، ولا أحب المبالغة.

(تتغير إلى صورة الشاب)

بدر: أما أنا.. فشاب بسيط، وما أحب المظاهر الخداعة.

(تتغير إلى صورتها)

قمر: احمممممم.. ألم تنسَ شيئاً؟

بدر: نعم تذكرت.. أهم من هذا كله هو أنني أرغب في الزواج بك.

قمر: واو، فاجأتني!!

بدر: أشرت لك بصورة القلب.

قمر: ولكنك لا تعرفني إلا من خلال الإنستغرام والفيس بوك.

بدر: بالنسبة لي هي أفضل أماكن اللقاء في هذا الزمن.. هل تتزوجينني؟

قمر: أنا.. نعم موافقة.

بدر: إذاً سأرسل لك ما عليك وما عليّ فعله من هذا الزواج، وسأنهي إجراءاتنا الباقية، والزواج في الأسبوع القادم.. ما رأيك؟

قمر: لايك... موافقة.. بدر.

بدر: نعم، يا روح بدر.

قمر: ابعث لي رصيداً.

(مؤثر موسيقي ضاحك... إظلام تام)

المشهـد الثاني
(شقة الزوجين)

(تفتح الإضاءة على شقـة بدر، وهي شقة عادية في إحدى البنايات الجديدة.. متواضعــة الشكل.. الليلة.. ليلة الدخلة بدر المتغطي ببشته نائم وهو يشــخر بصــوت عالٍ.. يقطع شخيره صوت نسوة وأطفال بالخــارج، ثم نرى قمر وهــي تلبــس لباس العــروس.. تدخـل بخجـل، وما إن تدخل حتى يقفل الباب بقوة، فتبدو قمر ممسكة بالباب وهي تصرخ)

قمر: أخرجــوني من هنا.. أرجــوكم لا أريـد أن أبقى.. افتحوا الباب.. أريد أمي.. أريد أبي. (تبدأ بالطرق وهي تزداد بكاء، مما يوقظ بكاؤها بدر الذي يجلس بصعوبة وهو يغطي وجهه ببشته الأسود كي لا تكتشف شكله)

بدر: ما الحكاية.. لماذا لا تتركوني أنام قليلاً فأمامي ليلة طويلة!!.....

(تتوقف قمر وتلتفت إليه)

قمر: من أنت؟

بدر: من يعني؟.. أنا بدر صاحب هذه الشقة الزوجية، وأنت؟!

قمر: أنا.. أنا قمر.. زوجة صاحب الشقة. (يقف وقد تغير وضعه، وأصبح أكثر نشاطاً.. ولا يزال يغطي وجهه.. ينظر الاثنان لبعضهما)

بدر: قمر.. وأخيراً وصلتِ!

قمر: هل أنت حقاً بدر الذي كان يحادثني في الفيس بوك والإنستغرام؟!

بدر: نعم أنا هو بعينه.

قمر: كنت.. كنت خائفة أن أكون قد دخلت مكاناً آخر.

بدر: مكان آخر.. أم هي ليلة العرس؟!

قمر: ومن لا يخاف من هذه الليلة.. ألستَ خائفاً؟

بدر: هاه (يتحسّس قلبه) نعم.. فدقات قلبي تتسابق.

قمر: هل رأيت.. ولكن المرأة أكثر خوفاً وخجلاً في مثل هذه الليلة.

بدر: في هذه صدقتِ، ولكن.. لكن..

قمر: ولكن ماذا.. أخبرني.. لماذا تغطي وجهك؟!

بدر: هذا السؤال الذي لم أكن أنتظره أبداً.

قمر: ما بك.. قلتُ لك لماذا تغطي وجهك؟

بدر: أنـا.. إنها.. إنها المفاجأة.. أنتِ أيضاً تغطين وجهك!

قمر: الخجل والحياء.. ثم إن الطرحة عادة ما تكون بهذا الشكل.

بدر: ومتى سأرى وجهك المنور؟

قمر: عندما أرى وجهك الجميل.

بدر: لا أظن.

قمر: ماذا قلت؟

بدر: أقول كل هذا الانتظار ولا تزالين خجلى.. أنسيتِ بأننا مقبلان على حياة جديدة معاً، ويجب أن يرى أحدنا الآخر.

قمر: ولكن المفاجآت واردة.

بدر: نعم.. ويجب أن نتأقلم عليها.. فليس الـ.. كل شيء في الدنيا.

قمر: شيء مثل ماذا؟

بدر: اسمعي ارفعي جزءاً من هذه الطرحة كي أتجرأ
وأرفع جزءاً من بشتي، وبهذا نتساوى.. ماذا
قلت؟

قمر: أنا فتاة وأنت رجل.. أنت الذي عليه أن يبادر
أولاً.

بدر: ولكن وجهي لا يساعدني.

قمر: لماذا؟!

بدر: لالا.. لا شيء... دعيني أولاً أتفاءل بوجهك.

قمر: لالا، لا أستطيع.

بدر: إذاً، ما رأيك أن نعد حتى الثلاثة، ونكشف عن
وجهينا؟

قمر: موافقة.

بدر: واحد.. اثنان.. ثلاثة.

(يرفع كل منهما غطاء وجهه.. لنكتشف وجهيهما
القبيحين.. فيصرخان ويبتعدان عن بعضهما)

بدر: كره الله هالشيفه.. من أنتِ، وكيف دخلت هنا؟!

قمر: أنت كيف أتيت إلى هذه الحياة.. ما هذا الوجه الأسود؟!

بدر: ربما وجهي أسود، ولكن قلبي أبيض. (تتجه إلى زاوية أخرى)

قمر: يا إلهي كيف دخلت الغرفة الخطأ.. قال لي 323.

بدر: نعم إنها غرفة رقم 323 أنتِ هي قمر.. أنتِ سمر؟

قمر: كيف خدعتني كل هذه المدة؟!

بدر: بل أنتِ من خدعني.. قبيح وحظّي قبيح مثلي.. بدل أن أبحث عن فتاة أحلامي.. ظهرت لي فتاة أوهامي.

قمر: (حزينة) تركت أهلي وسافـرت لك كل هذه المسافة لكي أكتشف بأنك وهـم.. وبأن حلمي تبخر بعد عتبة هذا الباب (تجلس باكية) يا لحظي التعس!!

بدر: خسارة على كل تلك اللايكات والفولوهات.

قمر: لماذا لم أكتشف بأنك لست من في الصورة؟!

بدر: الـذي في الصـورة هو ممثل تركي مشهور.. ظننتُكِ ستعرفينه.

قمر:	أنا أصلاً لا أتابع التلفزيون.

بدر:	وأنتِ.. صورة من وضعتِ؟

قمر:	ليس هذا من شأنك.

بدر:	لعلها صورة عارضة أزياء أو مطربة.. أنا أيضاً لم أنتبه جيداً للصورة، فقد سحرني جمالها.. إلى أن ذقت قباحتها.

قمر:	تتحدث وكأنك أنت الأجمل!

بدر:	في حالة المقارنة بيننا نعم.. فأنا الأجمل.. ولكن ماذا أقول وحظنا التعس كافأنا بهذا اللقاء المخيب لآمالنا.

قمر:	أنت شخص كاذب (تذهب نحو الباب، وتضرب بكل قوتها حتى تسقط الطرحة) أخرجوني من هنا.. أريد الخروج. (ينصدم بدر عندما يرى الباروكة تسقط من رأسها)

بدر:	يا إلهي.. وجه وباروكة في يوم واحد!!

قمر:	(تتلمس شعرها، وتلتقط باروكتها، وتعيدها) أخرجني من هنا وإلا صرخت.

بدر:	ليس هذا من صالحك، خاصة ونحن من المفترض أن نكون في ليلة عرس.. وعادة في هـذه الليلة

تفـهم الصرخة بمعنى آخـر.. فمن رأيـي أن تهـدئي، وأن نبحـث عن حـل لهذه المشكلة.. تصورت بأن الإنستغرام مهرب جميل.. لكنه كان كمواقفه الهزلية الكل سيتابع بتشوق.

قمر: أنت من خدعني أولاً.

بدر: وأنتِ تالياً، ويبقى السؤال كيف سنخرج من هذه المغارة المخيفة؟

قمر: (بإصرار) طلقني.

بدر: سأطلقك، ولكن ليس قبل أن نفـكر جيداً بما أقدمنا عليه، وما سنفعله، ما هذه اللعنـة التي حلت علي؟.. أول ضحايا برامج التواصـل الإلكتروني.. ظننت بأنني سأحقق ما لا يحققه الآخرون.. ولكن الكارثة في هذا الزواج الذي لم يكن بالحسبان.

قمر: (غاضبة) قلت لك طلقني، ألا تسمع؟

بدر: لا أستطيع الآن.. لأن حظي التعس جعلني أسرع في تجهيز هذه الشقة، ودفعـت خلوها، واشـترط صاحبها بأن يراني مع زوجتي، وإلا سيستردها ولن أحصل على المؤخر الذي دفعته.

قمر: لا أستطيع الاستمرار معك، سألقي بنفسي من نافذة الشقة.

بدر:

لن تموتي فنحن في الطابق الأول.. ونافذتي تطل على حديقة خضراء.. من رأيي أن تنتظري إلى أن نجد حلاً لمشكلتنا هذه.

(تذهــب إلى الكنبة، وهـي تبكي مقهــورة.. ينظـر إليها بـدر، وهـو يحاول أن يشـرح لها وجهة نظره)

بدر:

لا يعرف الجمال طريقه لوجهينا اللذين يخران قبحــاً.. لعل القدر وهو يجمـعنا أرادنا أن نضع حداً لطريقنا المظلم، لعل نورَ واحدٍ منا يهدي الآخر.. يهديني للطريق الصحيح.

(يجلس في جهة أخرى.. تتركز عليهــما إضاءة مناسبة، وكلاهما يكتب بالشــات، ونرى إضاءة الشاشــة تمثل صفحة الشـات وصـوت الاثنين يتناوب على ظهور الكلمات المكتوبة)

بدر:

الحقيقة مرة، وصعب ابتلاعها بسهولة.

قمر:

حقيقة مرة لم تكن على البال قط.

بدر:

هذه هي نهاية التفكير بـالـزواج عبر برامج التواصل الاجتماعي.. نهاية معلقة.

قمر:

بل نهاية سيئة.. لا أعرف كيف أتخلص منها!

(تضـــاء الخشبة لنرى كلاً مــن بدر وقمر في جهــة ما، وهو منشـــغل بالشات)

بدر: حظ تعيس.. لا أعلم كيف سأتصرف، الأيام القادمة صعبة.

قمر: يجب أن تجد مخرجاً لكلينا.. فأنا لست مستعدة لأن أسجن في هذا القفص.

بدر: تمنيته قفص خير.

قمر: ماذا تقصد؟!

بدر: لا أقصد شيئاً.. سأكتب وأكتم قهر حظي التعس.

قمر: (مقهورة) ليتني لم أصدقك.

بدر: وليتني أيضاً لم أصدقك.

(على أنغام موسيقى متلاحقــة.. نــرى الاثنين فــي أكثر من وضعية، دلالــة على مرور الأيام.. والاثنــان وهمــا متضايقــان من الوضــع.. فمرة نراهما أمام التلفزيون، ومــرة أمــام اللابتوب، ومرة نائمــين، ومــرة يقرآن جريـدة، ومرة يتصفحان الآيباد.. تتصاعــد الموسيقــى أكثر وأكــثر حتى الإظــلام)

المشهد الثالث
(شقة الزوجين)

(يوم جديد يمر على الزوجـــين وهما منشغلان بألعاب الأجهزة.. بـدر منشـغل بالآيباد، وقمـر بالآيفون، وصوت الأجهـزة عالٍ جداً، وصـوت جـرس الباب يتداخل مع صـــوت الأجهزة.. فجـأة يوقفان الصـــوت، ويستمر صـــوت جـــرس الباب في الرنين.. ينظران لبعضهما.. يختبئان خلـف الكنـبات ويغطيـان وجهيـهما)

بدر: هل اتصلتِ بأحد ما؟

قمر: أنا.. لا لست أنا من فعلها، ربما أنتَ.. شكلك
           تنوي التخلص مني.

بدر: لا لست أنا.. حتى لو كنت حقاً أنوي الخلاص
           منك، لكن لا أعرف كيف.

قمر: إذاً أنت تزوجتني كي تذلني؟!

           (يتوقف صوت جرس الباب)

بدر: أنا طلبت بعض الحاجيات من البقالة، ربما يكون هو. (يركض ويفتح الباب، ولا يرى سوى الأكيـــاس.. يرن هاتفه.. ينظر للهاتف ويجيب) ألو.. نعم يا محـيي الدين أعتذر، فقد كنت في الحمام، سأمـر عليك بالنقـود، شكراً. (يغلق الهاتف.. هذه بعض الحاجيات للمطبخ)

قمر: أنا لست طباخة عند أحد.

بدر: ستموتين جوعاً إن لم تطبخي.. وإن كنتِ لا تعرفين افتحي قنوات الطبخ وتعلمي.. قبيحة ولا تعرف الطبخ!!

قمر: تركت الطبخ لك أنت أيها الجميل.

بدر: قد أكون جميلاً بروحي وقبيحاً بوجهي.. «شي يغطي على شي».

قمر: إذاً لماذا خدعتني؟

بدر: عدنا لنفس الموضوع!!

قمر: كان بإمكاني العودة إلى أهلي وفسخ هذا العرس.

بدر: ولماذا لم تفعلي.. من يرضى بواحدة مثلك غير قبيح مثلي!

قمر: 	نعم أنا قبيحة وجه، ولكن جميلة قلب.. أملك ما لا يملكه الآخرون.

بدر: 	عموماً.. الأكياس أمامك.. تصرفي واطبخي لك ولي أي شيء نأكله، فقد مللت الأكل من الكافتيريا.

قمر: 	(تتجه للأكياس وهي تنظر) لماذا لم تطلب بعض الحلويات؟

بدر: 	ولمن يا حسرة واثنان..

قمر: 	أرجوك يكفي.. اسمع إن أردت أن أطبخ غيّر أسلوب كلامك معي، واختر كلمات معقولة.. فأنا في النهاية بشر لي مشاعري وأحاسيسي.

بدر: 	أمرك يا صاحبة الأحاسيس.. خذي الأكياس واطبخي لنا أي شيء. (تهم بتناول الأكياس.. يرن هاتفها الخلوي.. تنظر إليه، ثم تجيب)

قمر: 	ألو.. أهلاً عبير.

عبير: 	مرحباً قمر، كيف حالك؟

قمر: 	الحمدلله.

عبير: 	أخبريني كيف هي الحياة الزوجية.. هل فتحتم..

مواضيع جميلة.. وهل وضــع لمسات علاقته الجميلة.. هيا أخبريني؟

قمر: لا، لم يفتح، ولم يضع أي شيء حتى الآن.. فزوجي عاجز عن أي شيء.

(يحس بدر بكلامها فيركز انتباهه جيداً لها)

عبير: سأمر عليك غداً.

قمر: لا.. لا تمري فأنا..

عبير: أنتِ ماذا.. لا أظن بأنك بخيلة ولن تستضيفيني.. أنا متشوقة لملاقاة عريس الغفلة.

قمر: عبير.. انتبهي لكلامك فهو بجانبي.

عبير: حسناً سأراك غداً.

(تغلق الهاتف وتنظر إليه، وكأنه لم يســمع شيئاً.. تحمل الأكيــاس وتتجه نحو المطبخ.. يبدأ بالغناء فيستوقفها صوته الجميل)

قمر: صوتك جميل!

بدر: (ضــاحكاً) صوتي جميل هــذا مكسب كبير يضاف.. لشخصي الكريم.

(قمر تغــادر المطبخ، بينما يتنــاول الآياد ويبدأ بالكتابة.. إظلام)

المشهـد الرابع
(شقة الزوجين)

(تضاء الخشــبة على جلــوس الصديقة عبير بجانب مستضيفتها قمر، وهما يتناولان الشاي وبعض الحلويات)

عبير: شقة جميلة!

قمر: شكراً.. أخبريني ماذا فعلتِ بالجامعة؟

عبير: هذه سنتي الأخيرة.. سأتخصص في الإخراج التلفزيوني.. وظيفته مضمونة وذات راتب عالٍ.

قمر: نعم، كم كنت أتمنى أن أتخصص مثلك.

عبير: لماذا، هل زوجك يمانع؟!

قمر: لا.

عبير: (كأنها تذكرت) تذكرت، أخبريني.. أين عريسك الجميل؟

قمر:	عريسي خرج.. ذهب لينهي بعض أعماله وسيرجع.

عبير:	لماذا لم تذهبا لشهر العسل، إلى أي مكان بارد بعيداً عن حرارة شمسنا وجوّنا ذي الرطوبة العالية؟

(طرق على باب الشـقة.. عبيـر تغطي وجهها.. يدخل بدر وهـو يغطي وجهــه فتظنـه عبيـر خجِلاً)

عبير:	يا لخجل عريسك!
قمر:	نعم إنه خجل.
بدر:	أنتِ عبير، إذاً؟
عبير:	نعم، أنت هو بدر.
بدر:	نعم اسم على مسمى أليس كذلك؟
قمر:	دعكِ منه وأخبريني..
عبير:	يبدو بأنك تغارين على زوجك؟!
بدر:	(ضاحكاً) يبدو ذلك.
قمر:	أنا أغار.. من ماذا من هذا؟!!
عبير:	هذا زوجك.

بدر: أخبريها يا عبير.. هل تعلمين بأنني أفكر أحياناً بأن أتزوج أخرى؟

عبير: لا تعليق.

قمر: هل تتركنا وحدنا؟

بدر: أمرك.. فرصة سعيدة يا عبير.

عبير: وأنا أسعد.

بدر: واصلي زيارتك هذه ولا تقطعينا.

عبير: (مشيرة إلى قمر) هذا على حسب الموافقات الأمنية.

قمر: لِمَ لا تجلسان وتكملان حكاياتكما؟

(تغادر المكان منزعجة)

عبير: انتظري يا قمر.. قمر.. توقفي أرجوك.

بدر: لا عليك، ربما تكون قد زعلت.

عبير: أو ربما هي الغيرة؟

بدر: لالا، لا أظن.. فمثلها لا يعرف الغيرة.

عبير: ولكنها طيبة القلب.. عموماً فرصة سعيدة.. أستأذن

(قمر تراقبهما من خلف الستارة وهي متضايقة)

بدر: لا تقطعي زياراتك.

عبير: دع زوجتك لا تغار، وأنا سأداوم على الزيارة.

بدر: لا عليك منها.. فقمر قلبها طيب.. ولكن مهلاً.. هل.. أنتِ مخطوبة؟

عبير: أنا.. (تضحك)

بدر: خجلتِ؟

عبير: لست مثلك.. فمنذ أن تحدثت معي وأنت تغطي وجهك خجلاً.

بدر: أنا.. أنا لم أعتد لقاء الجميلات.. ولا أقوى على النظر في جمالهن الفتان.

عبير: كلامك جميل.. إلى اللقاء.

بدر: مهلاً يا عبير.. عبير.

(تغادر عبير وهو ملهوف على جمالها)

بدر: آه ما أحلاه.. نصيب من نصيب.

قمر: لماذا لا تلحق بها؟

بدر:		هذه هي فتاة الأحلام.

قمر:		نعم الجمال في نظرك هو جمال الوجه.. أما جمال النفس والروح فأصبحا لا مكان لهما في هذا الوجود.. يا خسارة كنت أظن أنني أبحث عنهما.

بدر:		وما الذي جعلك تتحدثين عن جمال الروح؟!

قمر:		تعلقك بصديقتي لأنها جميلة.

بدر:		كانت حلمي الذي لم يتحقق.

قمر:		بإمكانك أن تلحق بها.. ألم تقل بأنك ستتزوج؟ هيا اذهب وتزوجها، لديّ عنوانها وأرقام هواتفها.. هيا هيا.. ماذا تنتظر؟ اذهب لها. (تغادر مقهورة ويبقى وحده واقفاً وهو حائر.. إظلام)

المشهد الخامس
(شقة الزوجين)

بدر: أقول في نفسي أحياناً بأن حجراً واحداً قد يحرك المياه الساكنة.. نعم صدق حدسي، فها هو حجر غيرة قمر حرك مياه زواجنا.. والسبب هو عبير الصديقة الجميلة التي حركت مشاعر الزوج القبيح.. وها نحن أمام يوم جديد.. لعله يجمّل سنوات قبحنا الآتية.. لكن لا أعلم إن كان هذا اليوم سيدوم أم....

(تظلم الشاشة وتضاء إضاءة الشقة، لنرى قمر وهي تنظف الشقة في حالة غير طبيعية، وهي تردد أغنية ما.. لحظات ونرى صوت فتح باب الشقة.. ترمي قمر المكنسة وتتجه للكنبة، وتنشغل باللعب بهاتفها، يدخل بدر، ينظر إليها، ثم يتظاهر بالتحدث في هاتفه)

بدر: نعم يا عبير.. أسمعك.. أكملي ما كنت تقولينه.. ماذا.. هل حقاً لا تمانعين؟! (قمر تترك الهاتف وتنتبه له، ولكنه يبالغ في التظاهر) المشكلة في قبحي.. لا أستطيع أن آخذك لهذه الأماكن الفاخرة.. مـاذا.. لا يهـمك.. إذاً دعيني أجهز موعد المطعم وسأتصل بك.. إلى اللقاء (ينظر لقمر) عبير تبلغك تحاياها.

قمر: (مقهورة تعود لهاتفها دون أن تعيره أي اهتمام)

بدر: سبحان الله.. حتى قبحي هـذا جلب لي فتاة أحلامي!!

قمر: دعها تهنأ بك لفترة زمنية إلى أن تملّك وتتركك.

بدر: ولماذا لا تتمني لي التوفيق؟!

قمر: ماذا، التوفيق.؟!!.. أيوجد زوج في هذا الكون يطلب من زوجته أن تتمنى له التوفيق مع صديقتها؟!!!

بدر: هل بالفعل تملكين شعور الزوجة؟

قمر: (لا ترد، وتتظاهر بالانشغال)

بدر: اتركي ما بيدك، وركزي معي.

قمر: ماذا تريد؟

بدر: في دواخلنا أشياء أجمل وأبهى من وجوهنا.

قمر: من مثلنا لا يحق له العيش.

بدر: استغفري ربك.

قمر: لماذا يعد القبح عجزاً؟

بدر: هذا هو السؤال الذي نصحو ونمسي عليه.. هل تعرفين لماذا؟.. لأننا نحن من صوّره عجزاً، فمنذ أن ولدنا ونحن نراه في عيون من يشاهدوننا بنظراتهم أشد من رصاص البنادق.

قمر: أصواتهم كانت تهيج مشاعرنا، وتجعلها تغلي إلى أن تبكينا.

بدر: هم من صوّروه في أنفسنا.

قمر: وجعلونا نصدق ذلك.

بدر: ولكننا نسينا شيئاً مهماً.. هو أن الخالق سبحانه هو من خلقنا وصوّرنا بالصورة التي أرادها.. واللهم لا اعتراض.

قمر: نعم صدقت في كل ما قلته.

بدر: 		ننظر لأنفسـنا بنفـس نظرتهم لنا، ونسيـنا بأن دواخلنا تتمتع بوجوه جميلة لم يروها.. بإمكاننا أن نصبح أجمل مما نحن فيه.

قمر: 		وكيف ذلك؟!

بدر: 		نعم، أولاً أن نقنع أنفسـنا بذلك، ولا يهمنا نظرة الناس.

قمر: 		أكمل فكلامك يبعث بالأمل، ويحرك المشاعر.

بدر: 		هذا اعتراف منك وصريح.. بأنك بدأت تحبينني..

قمر: 		(مستغربة) ماذا!!.. أنا أحب واحداً مثلك.

بدر: 		نعم مثلي.. اسمعي، نحن قد نـكون قد غلطنا بتعارفنا، ولكنها غلطة جميلة وموفقة.. ستقولين كيف؟ سأقول لك بأنني بالفعل أحببتك.

قمر: 		حتى لو كنت أقبح منك؟!

بدر: 		القبيحون عنـد بعضـهم.. القبـح ليس في الوجه.. القبح في الطباع.. القبح في القلوب الميتة.. القبح في النظرة الدنيـئة.. في أشياء كثيرة.. إذا كانوا هم ينظرون لنا بهذه الصورة دعيهم ينـظرون، ولكن الأهم هو أنا وأنت.

قمر: نعم أنا وأنـت.. بالفعل كلامك تجاوز شرايين القلب واستقر في الصميم.

بدر: هذا يعني..

قمر: (بدلع) نعم.

بدر: صادق؟

قمر: نعم.

بدر: وأنا أيضاً أعاهدك بأن يكون حبي صادقاً.

قمر: ومن أين نبدأ؟

بدر: من البداية، من أول صفحة، ومن أول سطر يخط حروف اسمينا الحقيقيين، وجه بوجه وقلب بقلب وبدون أي برامج للتواصل نتـوارى خلفها هرباً من حقيقتنا.

قمر: وهل ستتحقق أحلامنا؟

بدر: إن شاء الله.

قمر: وهل سنرزق بالأطفال كحال بقية الأزواج؟

بدر: نعم، فالله هو من خلقنا وتكفل بنا.. والله سيكتفل بهم.. ربما يكونون أجمل منا.

قمر:	منا.. لا أظن ذلك أبداً.
بدر:	قمر أريد أن أعترف لك بشيء مهم.
قمر:	أنت تحبني أعرف.
بدر:	لا.. أنا.. اسمي الحقيقي ليس بدر، بل عنبر.
قمر:	ماذا؟! (تضحك) وأنا أيضاً لست قمر.. اسمي الحقيقي.. (ينفجر الاثنان من الضحك.. تتسلط بقعتان منفصلتان لكل واحد منهما.. نرى صورهما الحقيقية على الشاشة صوتهما المسجل ترافقهما الصورة المشهدية)
قمر:	واستمرت الحياة بصراحتها وبحلوها.
بدر:	استمرت الحياة بجمال صفاء قلوبنا.
قمر:	استمرت بأملنا القادم.
بدر:	بالنظرة الجديدة للحياة.
الاثنان:	فبرغم قبح صورنا، فإن ما بدواخلنا أجمل بكثير.

(إظلام على البقعتين متزامناً مع إظلام الشاشة التدريجي.. نستمع لصوت أطفال.. موسيقى ختامية)

(تمت)

الجلسـة

مسرحية

الشخصيات

1 – حمــيد: الجليس الأول.. في الستينيات

2 – عبــيد: الجليس الثاني.. في الستينيات

3 – الشخص: راعي الجلسة.. في الثلاثينيات

- المكان: غرفة جلسة ما.

- الزمان: أزمنة مختلفة على حسب تقلبات ذاكرة الجلسة.

الجلسة الأولى

(على صوت دوزان عـود حميــد.. تبـدأ الإضاءة في التكشف تدريجياً.. حميد يبدأ ببعض التقاسيم، ثم يتوقف وهو يقلب عوده فرحاً به)

حميد: الله عليك يا ملك السمره.. دومك خلك ملك، أولها تقاسيم وعقبها موال، وعقب عاد دش في الأغنيه (يلتفت للخلف) فهمت ياالطمه والا هذا شعرفه بالأصول (كأنه تذكر شيئاً ما) شقـى فاتتني هذه بصراحة، مَالك حق ياملك السمره انت في جلسة وخلق الله تترياك! (يضحك ويعود للتقسيم، وما إن يهم في الغناء حتى يقطعه صـوت كركبة صـادر من الخلف.. يتوقف حميد منزعجاً) وبعدين وياكم. انتوا متى ناوين تسكتون... في ذمتكم هذا جو جلسة، بس عاد سكتوا خلوني أسلك بلاعيع هالصوت العذب.

(صمـت.. حميـد يعـود للغناء من جديـد، ولكن صـوت الكركبة يعـود أيضاً من جديـد.. يتوقف حميد ويضع عوده منزعجاً) ياهي ســالفه شـكلنا اليوم ما بغني (يترك عوده ويقف وهو يحدث من بالخلف) هيه وبعدين وياكم.. تراكم أذية.

(يظهر عبــيد قادمــاً من جهــة في العمق وهـو يحمل بيده بنقزاً، ومنزعجاً من صراخ حميد)

عبيد: إنت شحقه تصارخ؟

حميد: شو بعد شحقه أصارخ نحن وين يالسين؟!

عبيد: في جلسة سمر.

حميد: ويوم هي جلسة سمر مب محتاجه هدو علشان الواحد يضبط مزاجه؟!

عبيد: بس اللي تسويه هذا مخالف للجلسة.

حميد: كيف يعني مخالف؟!

عبيد: مب يحتاي تتترياني أييب البنقز علشان نبدا الجلسه سوا.

حميد: إنت تدري بحشرتك هذه طيرت مني المقام.

عبيد: (جالساً) أصلاً مقامك ما يحلى من دون مقامي..

والا تبغي تيلسني تفق برزه لا... هذه سمرتنا
الأخيرة.

حميد: ويعني بنقزك هذا هو اللي بيحلي هالسمره؟

عبيد: كيف عيل.. الحين عاد تتنكرتله.. الله يا الدنيا..
هالبنقز ياما شلك شل في الوقت اللي إنت عاجز
بريشتك تحلي الجو نسيت؟

حميد: والله وطلع لك لسان وقمت (يتوقف، ثم يتلفت)
شو السالفه؟

عبيد: أي سالفه؟

حميد: وين الناس؟

عبيد: سلامة مخك.. أي ناس!

حميد: إنت هيه.. لا يكون يايبني عرس ميت.. ترى
بزوالك.

عبيد: يا الغشيم هاذيلا.. كييفه.. أهل فن أصيلين.. يكفي
إنهم دفيعه.

حميد: اندوكم هذا شو يحاتي، أنا أدور ناس سميعه مب
دفيعه.

عبيد: ترى هذه مشبوكه بهذه.

حميد:	ما أظن.. كلهم مثل مثل.. عيل من عقب هاذيج السمرات اللي تيمع السميعه يشلونك بصفقتهم.. حولوها يلسات فريخـات في المزارع والشاليهات تصقيع وكلاصات تتناقع.

عبيد:	ترى هذه من قواعد الدفيعه.

حميد:	أقولك سميعه تقولي دفيعه، صدق ما فيك أدب.. خلنا منهم (يتلفت) إلا الشله وينهم مب جنهم تأخروا؟!

عبيد:	ليش ما قلتلك؟

حميد:	لا.. شو السالفه؟

عبيد:	(يجلس وهو يدوزن بنقزه ببكر صغير) الدفيعه ما يبون دقيقه وايدين، هم بس اثنين أنا وإنت.

حميد:	وليش ما نطقت جان هونت!

عبيد:	وليش تهون؟ بالعكس بتاخذ راحتك أكثر.... عاد لين ماتي نمرتنا بدوزن البنقز أحس به وايد راخي.

حميد:	(ضاحكاً) يا الغبي الدوزان للعود مب للبنقز.

عبيد:	(يقلب البنقز ويخرج منه كأسين خاليتين فيقدم

واحدة لحميد) خل عنك هالرمسه ويود.. عمر الطاسه.

حميد: عاد هنيه.. عيني عينك.

عبيد: لا تخاف هنيه المكان آمن.. عاطيني هالحجـره نجهز فيها سامانا، وبالمره هي فرصه نتيت الراس علشان ندش عليهم وروسنا مرفوعه.

حميد: هي بس لين مانتيته جد عقولنا بتضيع.

عبيد: اتضيع (يضحك) أصلاً عقولنا من زمان ضايعه.

حميد: حتى لو ضايعه، هذا ما يخليك تعق خيط بخيط.

عبيد: أي خيط بعد!

حميد: خيط هالسقم اللي يبته.. أخـاف يفقدني باقي تركيزي.

عبيد: (يشير للكأس) يفقدك شو فديتك التركيز.. أصلاً هالطيب بيرجعلك اي حاسيه ضايعه، لا وبيشلك هناك فوق الخيال لا تتردد، واعطه الضؤ.

حميد: (يتناول كأسه ويبدأ بالشرب) هذا طعمه مختلف.

عبيد: لانه عنب أصلي.. هذا بو عصفورين.. أصلي.

حميد: عزات حبالي الصوتيه تقطعت.

عبيد: 		بالعكس أنا جربته.. مفعوله مع خلطة العصير الطازج ساري المفعول ماله صلاحية إنهاء.. صدقني بيخليك تلعلع.

حميد: 		إنت شو ناوي عليه؟

عبيد: 		ناوي أسخنك وافتح مسالك بلعومك المغبر.. لا تضيع الوقت تناول عودك وحرك ريشتك واستعد تراهم على وصول.. لا تنسى اتفاقنا ترى نقوط هالعرس من صوبي.

حميد: 		وإنت اشبلاك دوم مستعيل على النقوط... بعدنا ما دقينا ولا عرفنا معازيمنا.

عبيد: 		مستعيل لاني وراي فواتير كهرباء.

حميد: 		وشدخل الكهرباء في سمرتنا هذه؟

عبيد: 		أهل هالمكان راهين وعندهم بيزات الدنيا.. مب عارفين وين ينثرونها.. أنا وغنت أولى، وبالذات أنا ديون الدنيا على ظهري.

حميد: 		وشحقه فاتحين جمعيات خيريه مب للي أمثالك.

عبيد: 		وشحقه الجمعيات الخيريه.. هاذيلا شو ناقصنهم.

حميد: 		شدراني عنك تركض وراء البيزه ليل ونهار بسك اشبع.

عبيد:	من وين يا حسره، إنت غنيت والا ما غنيت كل شي عندك.

عبيد: من وين يا حسره، إنت غنيت والا ما غنيت كل شي عندك.

حميد: بدينا في الحسد ماجني أعطيك يوم تبى.

عبيد: تعق عليّ اللي يزيد عنك وبس.

حميد: هذا إنت تاكل وتنكر.

(ضوضـاء صـوت قـادم مـن بعيد ممزوج بضحك)

عبيد: غيّر الموضوع.. اكم المعازيم وصلوا.. قم قم. (يقف الاثنان، ويتجهان لمكان آخر، وعبيد يواصل حديثه) عاد ما أوصيك، بيض ويوهنا عدل.

حميد: هيه بس مامداه الراس يفتر.

عبيد: بيفتر من تشله الصفقه.. الجماعه شكلهم تعشوا من وقت.. لا تحـاتي عشانا بنشله بارسل.. يللا إنت استـعد.. اقعد هنيه.

(يجلسان معاً، ويهمُّ حميد بالدخول للأغنية)

حميد: (يقسّم ويبدأ في الموال) يا ليلي يا عيني يا ليل (يتلفت للخلف، وينظر لعبيد) عبيد شو السالفه؟

عبيد: أي سالفه بعد؟

حميد: عيل إشبلاهم مرة وحدة سكتوا!! لا يكون يالغشيم يايبنا سمرة صمخان.

عبيد: لا يا ريال نفس المكان اللي وصوا عليه.

حميد: عيل وينهم (يهمُّ بالوقوف) أنا ما عندي سالفه يوم أتبع اشوارك.

(يعود صوت الضوضاء والضحك من جديد)

عبيد: شفتك اكم موجودين دومك مستعيل.

(يصفق الجمهور لهما)

حميد: هاذيل يصفقون قبل ما يسمعون.

عبيد: تراك تدور من يقدرك.. شو أكثر من جذه تقدير.

حميد: أسميه عنب صاحبك شنان سوى شغل.. بدا الديلكو يفتر.

عبيد: بس عيل.. رد ايلس وسير فيه.

(يجلس حميد وهو مبتسم، يتناول عوده)

حميد: أقول صاحبي.. تظن إن الوتر بيصيح والقلوب بتحن والرووس بتهتز.

عبيد: والبنقز بيربش.. والجسم بيازم شرات لسمكه يلبط ويختض.

(يقاطعهما مؤثر صوت تصفيق)

حميد: شكراً شكراً، الحين بغني (يبدأ يدوزن عوده متضايقاً) الرطوبة معانده الأوتار.

عبيد: بس أغنيتك مالها علاقه بالطقس بعدين كلهم.. غني وفكّنا يا ريال.. شوفوا المعازيم زادوا يا حميد.

حميد: (يبدأ بمواله) يا ليلي يا عيني يا ليلي.... يا عين (يتوقف فجأة)

عبيد: (مستغرباً) إشبلاك وقفت؟

حميد: عنبوه ماشي صفقه.. والا صح لسانك.

عبيد: من رايي أدش في الأغنية.. هاذيلا شكلهم مب مال موال، هاذيلا الحين واصلين مواصيل ثانيه.

حميد: عيل الزم بنقزك وخلني أغني.

(يبدأ بالغناء.. أغنية شعبية ما.. وعبيد يضرب على البنقز)

طيبة لعـذوق يا محلـى رطبـها
قلبي لهـا اسبـوق ويتبـع أثرها

ياحلـى ذيـج الروابي لي تغنـت

من هوى المشموم لي يسكب عطرها

(تتسـاقط أوراق ملونـة من الأعلـى مع ضحك
وتصفيق.. عبيد يركـض باتجـاه الفلـوس وهـو
يحـاول جمعـها فرحاً)

عبيد: شوف يا حميد.. نقوط شرات المطر تتناثر بخقه..
هل الخير يا ويه الخير.. هذه كيف بجمعها!

حميد: هذه مشكلة عيال فقر.. ما يصدقون يلقون شي..
استوي ريال ورد مكانك عيب، خلني أكمل
وصلتي.

(يعود للغناء، ولكن يقطع تواصله صوت ضحك
واستهزاء.. يتوقف حميد عن العزف، بينما عبيد
يتوقـف عن الجمع، وقد بدأ الصوت في الاختفاء
تدريجياً)

حميد: شو سالفه هالسمره اللي خبصت راسنا؟

عبيد: حميد هذيلا ساروا (يوجه الحديث لهم) لحظه يا
جماعه وين سايرين الجلسه بعدها ما خلصت؟!

حميد: (يضع عوده جانباً) قلتلك خلني أموّل لكنك عنيد.

عبيد: لا من موالك ولا حتى من أغنيتك التعبانه.

حميد: أنا أغنيتي تعبانه.. اسحبها.

عبيد: ما بسحبها عيل بالله عليك شو رطبها وعذوق، وين يالسين في نخل؟!

حميد: تراك مختار يلستك في مزرعه شو تباني أغني لهم.. بعدين هذه كلمات شعبية أصيلة.

عبيد: وفر عذوقك.. ماشي فايده الجماعه ساروا وما بيردون.

حميد: (غاضباً، يضع عوده جانباً) عساهم ما ردوا.. مب كل همك لنقوط.. سير لقط فضالتهم.

عبيد: (يتمعن في النقوط) هيه بس هاذيلا طلعوا قراطيس لعوب.

حميد: (ضاحكاً) وتقولي دفيعه طلعوا يهال.. كله منك ما تعرف تختار الأماكن العدلة.. إنت حتى فرقــه مثل الناس ما عندك ما ينلامون.. شافونا ناقصــين لا كمــان لا قانون من جذه طرشولنا عيالهم يتمصخرون فينا.

عبيد: لا تتعذر بالفرقه، أصلاً صوتك ما جذبهم.

حميد: صوتي.. لا عاد ما أسمحلك.. أشوف بدينا في الغلط.

عبيد: لا تزعل من كلمة الحق.. ما تعرف تختار أغانيك وصوتك نشاز.

حميد: نشاز.. أنا.. وصلت فيك المواصيل تسبني!!

عبيد: أنا ما أسبك.. لكن هذه الحقيقه.

حميد: أي حقيقه.. الحين عقب هالعمر الطويل يطلع صوتي نشاز؟!!

عبيد: (وقد أدرك غلطته) لا تلومني يا حميد.. غصبن عني طلعت الكلمه.

حميد: (بحزن) الله يا الزمن.. ما توقعتها تيني منك.

عبيد: حميد أنا...

حميد: (يقف ويتناول عوده) خوز عني لو سمحت.. إنت ما تقدّر.. بعدين هاذيلا أصلاً مب ذويقه.. هاذيلا مال هشك بشك.. هاذيلا للأسف شكلهم ضريبة صينيه... قم عني.

(يتجـه إلى ركن معين ويجلـس، بينما يقف عبيد حائراً.. إظلام)

الجلسة الثانية

(مكان آخر من على خشبة المسرح.. حميد يحتضن عوده غاضباً،
بينما عبيد يحاول إرضاءه)

عبيد: لين متى بتم يالس جذه؟!

حميد: مالك شغل.. سير دور ربعك.

عبيد: ما يسوى علي.. أسبوع كامل ضارب بوز.

حميد: لانك ما تثمن الريابيل.. عيل أنا ملك السمره
اتنزل وأسير وياك، وهذا اللي اييني منك!

عبيد: خلاص عاد يا كلمه ردي مكانج.. والله لو ما
الحايه ما سرت ولا شبرت.. إنت تدري إني مالي
صديج غيرك يللا عاد.

حميد: اخلص قول شو عندك.

عبيد: سلمان العري مسوي عزيمه في الشاليهات.. شرايك ترابعني تراني محتاج.

حميد: بس يلسات سليمانك هذا ما وراها غير الطنازه، وأنا ما تيوزلي.

عبيد: بس أنا تيوزلي.

حميد: آخــر وديــه ســرت لــه ســووك ســبــال، وتموا يتضحكون عليك.. نسيت؟

عبيد: هي بس في الآخر سليمان عوضني بمبلغ حلو.

حميد: وإنت بس كل همك لفلوس، حتى لو على حساب كرامتك!!

عبيد: ومنوه ياتفت للكرامه اليوم.. الفلوس أهم.

حميد: هي بس أنا غير.. هاذيلا ما ييوزولي، أنا ريال أدور على الفن الأصيل، وإنت وربعك تنظرون للفن من زاوية ضيقة.

عبيد: يعني بالله عليك تبغي تقنعني بأن فنك هذا مب فن فلوس.

حميد: الفن اللي يروجونه أمثالك، لكن فني غير.

عبيد: كل هالفنانين اللي يغنون اليوم تتجدمهم لفلوس

حتى لو ماشي صـوت، حتى بعد لو وصلت فيهــم المواصيل يعقـون الحيا ما عندهم مانع.

حميد: يا عمي سير ولّي إنت شعرفك.. بعدين أنا ما عندي سالفه يوم أقودك وراي الجلسات.

عبيد: والله عاد بنقزي هو اللي يقودني.. مب إنت.

حميد: عيل خله ينفعك.. ورجاء لا تكلمني ولا أكلمك.

عبيد: إنت حر كيفك.. وبعدين محد يكلمك في المكان غيري.. والله.. ما يسوى علي قلت هالكلمه.

حميد: وبعدين وياك يعني.

عبيد: إنت حد كلمك! أنا أكلم عمري.. أف.

حميد: أنا بعد أف.

(يجلــس كل منهما جانباً مغتاظاً من الآخر.. فترة صمت، ثم يلتفت عبيد)

عبيد: أنا آسف حميد.

حميد: (لا يرد عليه)

عبيد: خلاص عاد يا كلمه ردي.. إنت بغيتني أتناقش وياك في السالفه و.. وخلاص آسف.

حميد: لانك محتاج.

عبيد: هيه.

حميد: خلاص.. بس هذه آخر مره.

عبيد: خلاص آخر مره،، وهذا حلجي وسديته.

حميد: على شرط تحترم فني وتقدّره.

عبيد: خلاص بقدره ما يسوى علي.

حميد: (يرفع العود) إنت شايف هالعود.. تدري إنه يسواله الملايين؟

عبيد: (يهز رأسه موافقاً)

حميد: يكفي بس من اشله تـازم اصبوعي بكبرها ترتعش.. تظن عاد شو اللي يخلي الأصابع ترتعش؟

حميد: سؤال مهم.. الجواب هي الرهبه.. الأصابع تخاف من الأوتار تخذلها.. علشان جذه تحاول ترضيها وتكون لها علاقة حب متبادل بين الطرفين، هذا هو الفن الأصيل.

عبيد: عيل ليش ما أشـوف هذا الحب بين الدرنكه والبنقز.

حميد: هذا سؤال لولبي.. هذه يسمونه غيرة إيقاعيه.

| عبيد: | شو يعني لولبي، وشو غيرة إيقاعيه؟ |

| حميد: | علشان تصدقني يوم أقولك إنك غشيم ما تفهم، اللوبي هو نوعية سوالج والغيرة الإيقاعية اللي صارت بين الدرنكه والبنقز. |

| عبيد: | ما شاء الله عليك فهيم. |

| حميد: | شقى عيل.. إنت ما تحس إن البنقز ساعات يتم يلده بارد، واتم تعوبل به بالساعات دون فايده. |

| عبيد: | هيه تصير معاي هالسوالف. |

| حميد: | هنيه مربط الفرس.. البنقز يشوفك تبدي عليه الدرنكه من جذه يعاند ويتم عاد يغربلك، ويضيع عليك وقتك. |

| عبيد: | هيه اثاري هذه السالفه... سبحان الله حتى البنقز يحس!! |

| حميد: | (يتنهد) كل حد بيحس إلا بني البشر ما يحسون. |

| عبيد: | انزين ليش عودك ما يغار من الآلات الثانيه؟ |

| حميد: | ومنوه يقـولك ما يغار (يرفعه وهو يتمقله) هـذا مب سهل والخيبتين من يشوف في السمره كمنجـه والا قانون يقول صولو... ما أدري شو يجيه حزتها بروحه يدوزن عمره. (يضحكان) |

عبيد: مب جنا تأخرنا على الجماعه.

حميد: أي جماعه؟

عبيد: قوم سليمان.

(يقف حميد وهو يحمل عوده)

حميد: بعيده المسافه.

عبيد: خطوتين وبنوصل.

حميد: (بعد خطوتين) وهذه هي الخطوتين.. بشّر وصلنا.

عبيد: بالظبط هذا هو المكان.. هي سمره وعقبها بنوقف.

حميد: هي بس فهمه عدل مب يطنزون عليك.. العود اللي كسرته هذاك غالي، وهذا اللي بيدي أغلى عنهم كلهم.

عبيد: ولا يهمك.. عاد لين ما أيي خذ راحتك ومول مثل ما تبى.

حميد: أشكر تقديرك.. وإنت أبغيك تنعشني ابنقزك.

عبيد: شفت ما تحس ابقيمتي إلا يوم تفقدني.

(يضحكان.. يدوزن العود والآخر البنقز.. يتوقف حميد)

حميد: أقول أخاف يطولون، ترى بياكلنا الليل.

عبيد: ما أظن نترياهم عشر دقايق بعد.. إلا أقول حميد عندي سؤال.

حميد: قول.

عبيد: ليش النقازي طغى على الطرب؟

حميد: شو هالكلام بعد!

عبيد: جان تبى الصدق.. هذه الحقيقه الحين النقازي هو الماشي.. النقازي أغانيه تحرك دقات قلبهم، وترد الروح اللي تثير لذة عقولهم المسحوره بعيون وسيقان.

حميد: كله خريط.. أغاني مال يومين وتخلص، مب مثل الأغاني الخالده.

عبيد: بتقولي أم كلثوم.. أبوي هاذيلا يايين ينتعشون مب ينغمون بحبة منوم مالك.

حميد: منوه قصدك منوم.. يا الغشيم يا الخديه.. هذه هي الأصل.

عبيد: 	الأصل والأصل.. هيه دهن عود هي.

حميد: 	أغلى وأثمن شو عرفك إنت يا الطمه.

عبيد: 	الأصل كرته حطوه في كرتون جديم وأحرقوه من زمان.

حميد: 	من جذه يا مسود الويه آزمت تركض وراء الطقاقات من استديو لين استديو.. تميت تتلحس فضالة نقوطهم.

عبيد: 	عيل بالله تبغيني أقزر عمري أهيم نص الليالي أدور لي على سمره طرب وشوية سكارى مفلسين، قلت أتلاحق عمري قبل ما أستوي شراتك مغبر وجايسني الحلى.

	(يقف حميد منزعجاً منه وهو يتجه لمكان آخر)

حميد: 	دمبكجي ما عليك شره.

عبيد: 	الدمبكجي ياما شلك في السمرات، ويمع من حولك المزابين.

حميد: 	خسى الله المزابين زوير وعوير واللي ما فيه خير.. جميعه وخاتون.. كل وحده أخسف من الثانيه.

عبيد: هي بس هذا ما كان رايك حزتها.

حميد: غشيتني بالسقم اللي يسويه شنانك.

عبيد: (يقف وهو يتجه لزاوية أخرى، متضايقاً) بس هاللي تتذكره عن سوالفي.

حميد: خسك الله وخس الله سوالفك.. أنا من عرفتك ما شفت الخير.

عبيد: الله يسامحك.. نسيت إني شليتك يوم خقت لزنود من إنها تشلك.. نسيت إني أنا الوحيد اللي تم وياك.. حتى في هالحجره تميت أمين لك، وأخدمك بعيوني الثنتين.

حميد: سير زين دور حاسيتك، سير أنا ما عندي سالفه مجابل مخرف شراتك.

(يتناول عبيد البنقز ويهم بمغادرة المكان.. إظلام)

الجلسة الثالثة

(تضاء الخشـبة على الاثنين في مكان جديد.. حميد متوسد عوده،
بينمــا عبيد «يعابل» بنقزه، وفجأة يسـتمع لصوت عودة الضوضاء..
يقف حميد هذه المرة فرحاً، ويتجه لعبيد)

حميد: عبيد، الجماعه وصلوا.

عبيد: أنا ما فيي هوس.

حميد: بس أنا فيي قوم.

(يتزايد صوت الضوضاء)

عبيد: أنا واحد هونت ما بدق.. محد يقدر يجبرني.

حميد: بس إنت قلت لي إنك محتاج، وأنا راجعت نفسي.

عبيد: بس كرامتي ردت لي، والحين ما تسمح لي.

حميد: إنزين وإذا قلتلك آسف؟

عبيد:	(يلتفت مبتسماً) أقول تم وطاح الحطب (يتناول بنقزه بسرعة) بس على شرط دش في الأغنيه.
حميد:	تم (يجلس ويهمّ بالعزف، ولكن الصوت في الخلف يتزايد) إنزين خلوني أبدا أول مقطع، خفوا صوتكم.
عبيد:	هم من يسمعونك تغني بيسكتون.. سيري فيه نقازي.
حميد:	إنزين شو رايك أجرب أغني شي مصري؟
	(صوت تصفيق وتصفير)
حميد:	سلام عليكم ما قلت لك يبون طرب أصيل؟
	(صوت ضحكات)
عبيد:	الا يطنزون عليك.. إنت دش في النقازي وفكنا.
حميد:	عيل عناد.. ما بغني إلا اللي في راسي.. أنا يوم كنت أغني يا الدمبكجي.. الناس كانوا يهيمون بهالصوت الشجي اللي تطنز عليه.. يكون في معلومك بأن الصفقه ما كانت توقف إلا لين ما تتيرح يدينهم.
عبيد:	عدال يا السنباطي.
	(مؤثر صوت تصفيق)

حميد: شفت.. اكم اقتنعوا يا الغشيم ما يقدرون يقاومون صوتي.. اسمع الحين الطرب العدل، وحسّ بقيمة الملك يا... يا دمبكجي. (يقسّم على موال الحجاز، ويعود صوت تذمر الناس) هس سمع.. طرب يا بهايم.

(يختفي صوت الناس)

حميد: ايوه جذه الله يهداكم بس طيرتوا مني المقام.

عبيد: جيه حميد إنت شو مقامك؟

حميد: (مبتسماً) حجاز.. ليش؟

عبيد: (باستهزاء) حجاز... كلكم تقولون حجاز وآخرتكم تطلعون عجم.

حميد: الحجاز من المقامات الأصيله.. شو فهمك إنت يا الدعمه حدك دقتين.

عبيد: ردينا نعاير بعضنا!

حميد: تراك ما تثمن الريابيل.. الفنان الأصيل كل شي فيه أصيل حتى عوده.. أصلي.. هذا عود أستاذ أساتذة الفن.

عبيد: (مكملاً) لا تقولي مال السنباطي.

حميد:	لا.. هو في الأصل كان ملك السنباطي.. نش عبد الوهاب وطمع فيه، قام وطرش الطويل يساموه ع السعر.. عاد أنا سمعت في الرادو هنا القاهره، وإنهم متـضاربين، نشيت وصيت النوخذا بوطماشه يدخل وياهم المزاد ويشتريه.

عبيد:	حد وياه والا بروحه؟

حميد:	منوه النوخذا.. بروحـه (يريه العـود) شوف مقل عينك.. تـراث فرعوني وميلس شرات خامون ورع.. إنت لو شفت مطربـين الشرق والغرب وهم يتعاجلـون عليه.. ما تـم عبد الحليم وأم كلثوم كل واحد يحلم فيه.

عبيد:	وأم كلثوم وعبد الحليم شو يخصهم؟!
	(يعود صوت التصفيق والتصفير)

حميد:	اسمع الطرب الأصيل (يغني) كان لك معاي.. أجمل حكايه.. ما العمر كله.. سنين بحالها.. ما فات جمالها.. على حب مثله.

	(صـوت تذمـر الناس وعبيـد يقف وهو يسـمع الصـوت وغناء صاحبه المسترسل)

عبيد:	ما قلت لك منوم.. إلا شردوا هالمره بليا رجعه.

(يتوقف ويتناول عوده، ويهم بالذهاب)

حميد: أصــلاً أنــا مضيع وقتي مع نــاس ما يقدرون الطرب، ولا يشجعون المواهب.

عبيد: وين ساير؟

حميد: برد مكاني.. بسامر وحشتي.

عبيد: وأنا؟

حميد: وإنت شو بعد؟.. تراك مجابلني ليل ونهار.

عبيد: أنا ناوي أودر هالكار.

حميد: وشو تعرف تشتغل غيره؟

عبيد: مــا أدري.. أحــس إنـي ضيعت عمري على الفاضي.

حميد: وأنا عكسك.. ما أفهم من هالحياه غير هالفن اللي انفطمت عليه.

عبيد: وظنك بيخلونك تواصل هالكار؟

حميد: النوخذا جبر سار وما بيرد.

عبيد: هيه بس طايفته بعدها حيه.. ما بيرضون بحال العم.

| حميد: | والله عاد رضوا والا انرضوا يولون. |

| عبيد: | النوخذا جبر ما كان يبغيك تستوي مطرب. |

| حميد: | أدري.. بغاني أكون نوخذا شراته.. قال لي الراس عمره ما يستوي ذيل. |

| عبيد: | لكنك وحيده وعيون عيال عمي مبققه.. يوعانه تتريا خير أبوك. |

| حميد: | جبرني أتبـع ظلته وين ما يسير، وآخـرتها ركبني محامله وخلاني أسامر بنادر الدنيا.. حاولت اتحزم بامي لكن يدينه كانت أسرع من حضنها.. كنت أتمقل بالغوانات في البيت واتم أسمعها ليل ونهار، وفي يوم كسرها على راسي. |

| عبيد: | لكنك ما تبت! |

| حميد: | هوى الفن يسري في عـروقي.. عاندته ضربني.. شردت رجعني.. زاد هوسي في إني أغني وأدق عـود، ويوم سمعت عن باصالح اللي يعلم العود ما صدقت.. قلت ما يبالها، قمت أسير عنده أتعلم بالخش. |

| عبيد: | أسميها خلطه شنان ردت لك الحاسيه. |

| حميد: | ردت من يوم قمت تنبش الماضي. |

عبيد: لو إننا بحرنا عنه ابعيد... لكنه بعدها روحه لاصقه فينا.

حميد: خذا منا أجمل أيام عمرنا.

عبيد: وسلمنا عقبها لعيال عمك اللي عقوني وعقوك في الحجره.. كل منا يتنفس ذكرى الجلسه ويسامر بقاياها.

حميد: نقزر فيها ما بقى من عمرنا.

عبيد: قول عمرك.. أقلها عندك شي تتعلق به، أما أنا الفقير انربطت بقيد ما ينفج إلا عقب ما أندفن.

حميد: شو هالكلام يا عبيد؟!!

عبيد: هذه كلمة الصدق اللي عمرها ما بتطيح.

حميد: بس هذاك وطر وراح وخذ كل أهل طبعه.. إنت الحين حر.

عبيد: عقب شوه يا؟!

حميد: حميد.

عبيد: ما تعودت أنطقها خاليه.

حميد: خلاص قول ملك السمره.

عبيد: صح السمره بس هي اللي تمت لنا.

حميد:	من جذه صرنا محترفين.
عبيد:	إلا قول رغود.. كلن يفرج عن هوسه لا ولد وتلد.
حميد:	ردينا على هالسالفه.
عبيد:	لازم تعرف إننا كبرنا.. نحن مب الأوليين.
حميد:	قول غنت كبرت، أنا بعدني شباب.
عبيد:	اتقص على عمرك.
حميد:	إنزين إنت ليش متضايق؟.. ياما يتك فرص وايده جان عرست فيها وفكيتنا من عزوبيتك.
عبيد:	وإنت خليت فيها عزوبيه! تراني اتبعت خطاك.
حميد:	لا تخلط سالفه بسالفه ثانيه.
عبيد:	نسيت إني انربطت فيك من يوم أنا عمري 9 سنين.. وراك في كل بقعه نسيت.. وين تباني عقب هالعمر أيمع لي كمن بيزه.
حميد:	وشو عن العده؟
عبيد:	العده.. والله لو درى أبوك جان نحرني.. تبى الناس تاكل ويهه.. تباهم يقولون الناس.. خادم النوخذا جبر مسوله عدة طيران.

حميد: إنت لو ميمع فلوس من هاذيك ليام جان إنت الحين مليونير.

عبيد: تطنز علي!

حميد: ما أطنز، لكنك إنت ياما يمعت فلوس من جلساتنا ما تقولي وين وديتها.

عبيد: (لا يرد)

حميد: شفت لانك ما حسبت حساب هاليوم قمت تلعب ابها شرق وغرب على زيد وعبيد.. إنت تتحراني ما أدري.

عبيد: هذا اللي صار.

حميد: عيل خلاص إنسى وعيش يومك.

عبيد: وهو العمر فيه كم يوم.. هذا أنا مربوط فيك وفي فنك.

حميد: وبس لا تغم عمرك، وتتذكر ما مضى.

عبيد: لكنه جزء مني ومن قيدي.

حميد: ياهي سالفه.. شو قلنا يا عبيد.

عبيد: أدري.. إنت مب شرات أبوك.. ليت كل لعمام شراتك.

حميد: إنزين الله يهداك.. عقب حياته كانت عندك فرصه جان سويت اللي تبغيه.

عبيد: تـراك لتهيتني ما عرفتك مره تودوني وياك سمره، ومره اتدش بي بحر.

حميد: تراها أوامر النوخذا جبر.. بعدين لا تسير بعيد حتى أنا مثلك تفق برزه شرى العنز مقيود.

عبيد: محشوم عمي.

حميد: لا صدق.. خـلاني ما أعرف راسي من كرياسي، هو يباني نوخـذا، وأنا أبغي أستوي مطرب.. شحقـه عيل ما منعني من الغوانات، أول بادي خلاني أسمعها وعقبها كسرها على راسي.

عبيد: بس في الأخير سويت اللي في راسك وحققت اللي تباه.

حميد: جيه إنت بعد تبى تحقق شي.. لا يكون رديت للفلوس مرة ثانيه.

عبيد: ترى لفلوس تيب عروس، ولعروس تيب لعيال.

حميد: ياهي سالفه.. إنت شفيك يا عبيد تسير تسير وترد لهالسالفه؟!

عبيد: العمر يربع.. إنت الحين راضي بحـالنا من

نصبح لين ما نمسي، وكل منا مجـابل الثاني ويهذي بسالفه هالجليه اللي مالها نهايه، ما تبى عقب كل هذا حد يشلك حد يحطك.

حميد: أفا والله وأنا وين سرت؟

عبيد: إنت مابدوم لي طول العمر.

حميد: إنزين شو اللي يمنعك تعرس وتيب عيال؟

عبيد: ومنوه بياخذ واحد مجسح شراتي؟!

حميد: ما عرفتلك مره تبغي تعرس ومره.

عبيد: ونسيت شو سووبي.. نسيت إنهم خصوني.

حميد: لا حول ولا قوة إلا بالله.. الله يهداك إنت السبب.

عبيد: لاني حبيت.

حميد: لانك.. ما اخترت عدل.

عبيد: مب حالي حال البشر.

حميد: بس إنت طمعت، صمت وصمت وأول ما فطرت فطرت على على بنت الطواش سند.. عاد سند يا عبيد!!

عبيد: هذا قلبي وما صابه.

حميد:	جدامك يميع البنات.. محد قالك تودرهم كلهـم وماتي عينك إلا بنت سند.. هذا إنت خالفيتهم واطالعت فوق يا العمي.

عبيد:	بس اللي سووه فيني أقسى وأشد.

حميد:	حذرتك أكثر من مره.. لكنك ما تيوز، كنت تحن لخيازرينهم على ظهرك.

عبيد:	(يتقدم للأمام) ما قدرت خيازرينهم تمنعني من حبها.. شفت فيها اللي ما شفته في غيرها.. عمت عيني بجمالها.. بغيت هالقلب يوقف دقاته خاني.. طاوعته.. وصبرت.. خيازرينها كانت تزيدني إصرار.

حميد:	إلا عناد.. وهذه آخرتها.. خصوك وفروك في الصنيه شرات ما فروني.

عبيد:	هوى عن هوى يفرق.

حميد:	كلنا في محمل واحد.

عبيد:	لا.. إنت هواك غير.. هواك خلاك تناطح يبال عناد أبـوك.. هواك خلاك تتمرد على كل ما حوله.. بس هواي أنا هوى خادم لعمه.

حميد:	اللي خلقنا ما فرق بينا.

| عبيد: | لكن قانون السياده فرق.. إنت من استويت عم من أصل عم.. تقوم تستوي مطرب ترابع شوية دمبكجية وطقاقات من عرس لين عرس. |

| حميد: | وقتها الدمبكجية هم اللي خلوني أتعلق بهالعود.. عشقي اللي ما هويت غيره.. هواي اللي أتنفسه.. كنت كل ما ألقى فرصة تلاقيني مطيح في ميلس باصالح وهو يعلمني (يبدأ في الغناء) واساري سرى الليل. |

(عبيد يشاركه الأغنية.. ثم يضحكان)

| عبيد: | يا حليلك يا باصالح! |

| حميد: | كان يقولي هوس على إيدك هنيه وهنيه.. شوي وما وعيت إلا بالنوخذا جبر مرتز جدامي.. حزتها ما أدري شو صابني. |

| عبيد: | كان يوم عمري ما أنساه. |

| حميد: | رفع راسه وقال لباصالح: إنت يا العبره تعلم ولد النوخذا عود.. عود يا الجلب.. رقد عليه بالعصا والريال يبى يرد وأبوي مب مخلنه، وقبل الضربة الرابعة.. تكود الريال عند ريلي جثه هامده. |

| عبيد: | الله يرحمه. |

حميد: كان ريال والنعم فيه.

عبيد: عـاد إنـت حزتها جد وصلت مواصيل وياه وحفظت واساري.

حميد: بس أموت واعرف منوه اللي خبر أبوي.

عبيد: (يسرط ريقه) هاه.. ليش هذه سالفه جديمه؟

حميد: شو ذنب هالريال اللي مات بخيازرين أبوي؟

عبيد: يمكن لانه يومه.

حميد: بس لازم أعرف اسم هالحيوان اللي وشى علي.

عبيد: إنزين مب يمكن هاللي وشى يعني يكون معذور أو.. أو غصبن عليه.

حميد: وشو اللي يغصبه (يتوقف وكأنه فطن له)، عبيد شو السالفه؟

عبيد: تعطيني الأمان بقول؟

حميد: بعطيك.. قول.

عبيد: تبى الصدق عاد.. أنا خبرته.

حميد: (متفاجئاً) إنت.. إنت يا عبيد تتسبب في موت باصالح ما أصدق.

عبيد:	بصراحة عميم.. غصبن عني.

حميد:	خس الله الصداقه أقول.

عبيد: إنزين خلك مكاني.. الميسم حزتها كان ضوء ويدخن.. خفت يصلخ ينبي وأنا ينبي من استوى وهو تاوه ماشي فيه مكان صاحي وأبوك حار ما يتحاجى.

حميد: أخ عليك يا الجبان.. عاد قمت وخريت السالفه كلها.

عبيد: من أول أول ما علمك شنشني شنشني.

حميد: حسبي الله عليك من رفيج.

عبيد: بصراحة أول بادي سكت، ومن يتني ثاني ضربه ما قدرت، قلت له بعدين شحقه أتحمل ذنب غيري.. ينب مب ينبك اسحب ع الشوج.. خلك مكاني.. أموت أنا الشباب والا باصالح اللي طاف الستين.

حميد: أنا ما عندي سالفه أتكلم ويا واحد شراتك.. اسمع اياني وإياك تكلمني.

عبيد: بس يا حميد قلتلك.

حميد: انطب، طبك الله ايتني وإياك تكلمني فاهم.

(يتجه حميد إلى إحدى الجهات غاضباً)

عبيد: أنا شو اللي خلاني أطري له هالسالفه.

حميد: قلتلك لا تكلمني.

عبيد: أنا أكلم عمري، ما كلمتك والله.

(يجلس هو أيضاً في جهة غاضباً.. فترة صمت.. يقف عبيد وهو منزعــج من تصرفه، ويتجه إلى حميد نادماً)

عبيد: حميد حقك علي.

حميد: (لا يرد عليه)

عبيد: أظن أربعة أيام كافيه للزعل.. بصراحة مليت وأنا أكلم الجدران.

حميد: وإنت كل يوم تكشفلي سر يزعلني.

عبيد: إنزين شو آخرة هالزعله.. هالشهر أربع مرات متزاعلين.

حميد: أدري أنا ثلاثه وإنت وحده.

عبيد: وأصلاً الشهر فيه كم يوم علشان نتزاعل فيه.

حميد: لأنك ماصيخ ومب ريال.

عبيد: مقبولة منك، ومتى ناوي تراضيني؟

حميد: يوم بترد عن اللي في راسك وبتصطلب.

عبيد: أنا كنت أفكر في مصلحتك.

حميد: مصلحتي كانت عند باصالح.

عبيد: غرقك وغرقني وياك.

حميد: قول غرقني أنا.. إنت بعدك فيك شدة ع السباحه.

عبيد: وعيال عمك خلولي مياديف.. ما تم في عود صاحي.

حميد: حالي من حالك.. خذوا كل شي وحجتهم قوية.

عبيد: خلهم يقولون اللي يقولونه أنا شاهد.

حميد: مينون يتشهد بمينون!

عبيد: إنت أصحى منهم ومني.

حميد: ويوم أنا صاحي شرات ما تقول، ليش ما تهمد وتقر.. تربع ورا البيزه من سمره لين سمره وساحبني وياك شرات العنزه.

عبيد: محشوم يا عمي.. إنت تدري إن كله علشان.

حميد: يا عبيد افهمني عدل.. لو يمعت فلوس الدنيا ما بتنول مرادك.

عبيد: حتى عقب هالعمر ما تباني أعيش حلم هاليلسه اللي عشعشت في راسي.

حميد: (يتنهد) اليلسه.. قصوا علينا بلذتها وبطرب عــودها، سكرونا بنشوة لياليها الطويله.. وفي الآخر طلعت هذرة بقايا حروف متيمعه.. لبانه نعلجها كل ما ريجنا يحس بالعطش.

عبيد: عيل لا تغصص علينا، وخلنا نمضغ ما بقى منها.

حميد: أنا عيزت وحلجي نشف.

عبيد: بنسقيه بعنب شنان.

حميد: (مبتسماً) وإنت متى بتيوز عن شنانك هذا؟

عبيد: ايوه جذه خل هالويه ينشرح شوي دومك مبوز.

(يستــمعان لصوت الضوضاء فــي الخلف وهو يرتفع شيئاً فشيئاً)

عبيد: اكم ردوا حميد، جهز عودك وغني.

حميد: بس أنا أحدد الأغنيه اللي بغنيها.

عبيد: على كيفك يا ملك السمره.

(صــوت تصفيق.. يتناول حميد عــوده بحماس، بينما يعتدل عبيد وهو يستعد ببنقزه)

166

حميد: شو رايك أسمعهم واساري، وقبلها موال؟

عبيد: (متضايقاً) ردينا بعد بتموّل ماسدتك الأوليه.. إنت ما تقول راسمالك خمسة أغاني.. زيد عليهم أغنية شنشي لانها نقازيه وإبداها قبل.

حميد: لالا، لازم يسمعون أغاني الخاصه قبل.

             (صوت ضحك في الخلف)

عبيد: يا هالأغاني الخاصه اكم ضحكوا عليك.. أغانيك ترقد يا حميد وهم يبون نقازي اصبر (يلتفت للخلف) تبون نقازي (يستمع لتصفيقهم) شفت يبون نقازي.

حميد: اثاريك يا مسود الويه تبغي نقازي، أكيد يايب رقاصات.

عبيد: لا والله وحياتك من يوم ما منعتني.. لا رقاصات ولا طقاقات.

حميد: هي مافينا على الحرام (يضع عوده جانباً)

عبيد: إنت شو تسوي؟

حميد: شو أسوي بعد.. بموّل بدون عود.

عبيد: إنت متعود تموّل بالعود.

حميد: بعطيهم موال بحري.

عبيد: خلنا على البر يا ريال.

حميد: نسيم الغبه بعده مزجم خشمي.. اسمع. أو يا مال.. يا مال

يقولوا العشـــق من الله لا بديني ولا بدينج

وانتي يحرســـج الله يقـدرني وارد دينج

قلبي من لمـح زولج مسرع ما دخل دينج

يــا ليتج لو تمرينا ونشـــوفج يا الغلا مره

هي مـــره توافينـا وبعـدها نكتفي مره

في حبج متنا وحيينا طعمنا الحلوه والمره

يا ليتج يا بعـد عيني تمدي للعبـد دينج.. أوه يا مال يا مال

(فــي منتصف مواله البحري.. تبدأ الإضاءة في الإظلام)

الجلسة الرابعة

(يستمر في مواله.. يتحـول المكان إلى بقعة أخـرى تمثل ظهر إحدى السـفن.. نرى حميـد وقد بدأ بخلع كندورته وهو يمسـك بحبل ويجره، بينما نرى عبيد واقفاً مستغرباً مما يراه)

حميد: شدوا الهمه يا عيال.. عليكم بالحبال.. السايبه قويه والخشب ما يتحمل شدوه يا عيال (لعبيد) وإنت شو موقفنك هناك يا صبي، تحرك سير هات القهوه.

عبيد: قهوه.

حميد: يللا يا جماعه تحركوا.. ترى الهوى غربي.. عجلوا شوي.

(يتجـه لزاوية مـا ويجلـس.. يقـترب منــه عبيد متسائلاً)

عبيد: الحين شو كل هذا؟

حميد: إنت خديه.. والا أول مرة تركب محمل؟

عبيد: ايوه محمل.

حميد: هيه محمل عمك العود جبر.

عبيد: حانزين إنت شو جابرنك تركب محمل أبوك؟

حميد: تراه مصمم يقودوني وياه، وين ما يسير مصر.

عبيد: والله شو أقولك يا حميد.

حميد: (غاضباً) يا شو.. حميد.. حميد حاف.. أيا جليل الحيا.

عبيد: هي بس إنت قلت ما بينا كلافه.

حميد: صدق إنك ما تستحي وتخيل.. إنت نسيت منوه أنـا.. النوخذا حميد بن جبر.. بعدين شو اللي لابسنه يا مسود الويه كندوره على محملي، وين تركب هذه.. يللا افصخ.

عبيد: شو أفصخ عيب يا ريال هالكلام.

حميد: أقولك افصخ والحين.

عبيد: هنيه جدام الريابيل.

حميد: هي أنا ما عندي بحارة بكناديرهم.. افصخ وتم بوزارك حالك حالهم.

عبيد: (يخلع ملابسه) إن شاء الله (يحس بالبرد) يا الله أحس ببروده.

حميد: وابوي على البحارة.

عبيد: (يستغرب منه وهو يتلفت للخلف) على الأقل أحسن من بحارتك هذيلا كيف تميزهم لا لون ولا لبس.

حميد: لكنهم يمناك وقت الشده.

عبيد: هذا مب كلامك.

حميد: أدري كلام أبوي.

عبيد: أفا يا حميـ... أقصد النوخذا حميد أنا عبيد.. عبيد ظللك.. يرضيك تخليني ميت من البرد.

حميد: خـلاص خـلاص.. كسرت خـاطـري.. خلاص بخليك صبي تباب.

عبيد: صبي تباب.. بس أنا عود يعري.

حميد: ما عليه يا صبي.. البحر بيربيك.

عبيد: هذا مب كلامك.

حميد: كلام أبوي أدري خلني أكمل.

عبيد:	قول.

حميد:	قيادة المحمل يبالها فكر وزنـود حاضره تير المياديف وتغوص القوع تيب اللولو.. اللعبان هذا مب علي.

عبيد:	الحين هالكلام علي أنا.

حميد:	هي عليك إنت.. أصلاً منوه مخرب مخ الولد غيرك إنت.

عبيد:	الحين أنا اللي خربت مخه.

حميد:	الولد عمره ما تعلم هالاشياء الماصخه إلا من رابعك.. بدال ما تحرسه وتشوف طلباته يالس اتسايره.

عبيد:	هي بس أنا.

حميد:	إنت خادم بن ستعشر خادم.. الحين يوم سويت خير في يدك وأبوك خليت الولد يعصي أمري.

عبيد:	إنت وين ابحريت بي ما صار سقم هذا اللي دحقته.

حميد:	بعد يا جليل الحيا يايبلي عسقم على المحمل.. تباني أصلبك على الدقل واغسل شراعك!!

عبيد: (مجارياً) خلاص عمي لمسامحه.. بستويلك صبي.

حميد: إنت ما تقولي منو علمه بسالفة العود لايكون إنت.

عبيد: أنا.. حشى عليّ يا عمي... هو شاف باصالح وطلب منه هالشي، ومـن يومها الولد حرم واصطلب، وهذا هو كل سفره وياك.

حميد: سير الحين اذلف وحط راسك، ومن الصبح تخدم على الغيص وتغسل المحمل.. إن شفت قطعة محارة طايحه بزوالك.

(يتقدم نحو إحدى الجهات كأنه يتخطى أحدهم)

عبيد: وإنت ما بترقد؟

حميد: (كأنه يحمل صندوقاً صغيراً ويجلس في زاوية) أنا بيلس أعد حصيلة اليوم من اللؤلؤ.

عبيد: (كأنه تشجع) عيل أنا ما في رقاد بيلس أساعدك.

حميد: (بغضب) ما يصير أنا النوخذا.

عبيد: يللا يا عمي حميد تراني صبي النوخذا.

حميد: (يتأفف ثم يشير له بالجلوس) دام جذه ما يخالف.. تعال.. بس على شرط ما تمد إيدك.

(يجلس عبيد بجانبه فرحاً، ينظر لما يفعله حميد، وهو يعاين بعض قطع اللؤلؤ)

عبيد: هاذيل كم يسوون عمي؟

حميد: هاذيلا يسوالهم ألفين ربيه (وكأنه تتناول غيرها) وهذه ألف وخمس.

(عبيد يبدو منبهراً بالسعر، ثم يحاول أن يمد يده كأنه يريد أن يتناول حبة لؤلؤ، ولكن حميد يضربه على يده)

حميد: شو تسوي تسرقني يا بحار، تباني أخليهم يقصون إيدك؟!

عبيد: (بلهفة) لا عمي لمسامحه بس سحرتني بنورها.

حميد: هالمره سامحتك.

عبيد: أقول عمي.. نحنا كم بيكون نصيبنا من هاللؤلؤ؟

حميد: (غاضباً) شوه!!.. نصيبنا.. ليتك بيت أبلم ولا نطقت بهالكلمه.

عبيد: جيه عمي أنا شو قلت؟!

حميد: ما يحتاي تقول.. هذا اللي تشوفه كله حقي مقي.

عبيد: (يقف غاضباً) حقك مقك.. لا حبيبي هالكلام ما يمشي وياي.

حميد:	عبيد.

عبيد:	روح عبيد قال.. الحين نحن اللي نتغرب عن أهلنا بالشهور نتعب وينطر نصخنا في بحر سته وسبعه وعشره، ونموت وإنت تاخذها بارده مبرده.

حميد:	(متذمراً) هذا كيف أفهمه.. يا الخديه هذا تاريخ.

عبيد:	أي تاريخ.. التاريخ إنتوا اللي خطتوه وسويتوا، منه خراريف ترفعون فيه قدركم.. وظلمتونا نحن المساكين لين ما صرتوا في الآخر تجار تعززتوا وعقيتونا ع بساط الفقر.

حميد:	خلنا ناخذها بالعقل.

عبيد:	وهو تم فيها عقل.

حميد:	طول بالك واسمع.. قبل لا تدشون البحر مب تسلفتوا حق أهلكم؟

عبيد:	عدل.

حميد:	مب ترست بيت كل واحد فيكم ماجله تكفيه سنه؟

عبيد:	بعد عدل.

حميد:	بس خلاص.

عبيد: شو بس خلاص؟

حميد: أنا ما خليت شي ما سلفتكم اياه.. يعني هذا أجر شغلكم على محملي، واللي تيبونه لي أنا وبس.

عبيد: هي بس.

حميد: بس شو بعد.. لا تنسى ترى اللي عطيتكم اياه فوق حملكم، يعني دين.. تسددونه طول العمر.

عبيد: (مستغرباً) اف وهالديون ورانا بر وبحر!!

حميد: كيف عيل في كل زمان فيه ديـون.. المحامل تصنيعها يكلف (يتقدم عبيد للأمام وهو يفكر في كلامه، فيتخيل بأنه داس على شيء فيـصرخ) حاطلك سبعة فناره بعدك ما تشوف المحاره؟

عبيد: (كأنه ينظر لمكانها) جيه اللي دستها محاره؟

حميد: دير بالك تراها ما انفلقت.. باجر الفجر من يخلصون غوصهم ويفلقونها.. أبغيك تنظف الأرضيه، وتغسل الصحون، وتسوي الغداء وتباشر البحارة.

عبيد: جيه كم شغله أشتغلها؟

حميد: الشغل ما فيه عيب.. اللي يامرك فيه نوخذاك

تسويه.. سير اربط الحبل اللي هناك المحمل يتداعى.. تحرك.

عبيد: (كأنه ينظر لكل الأماكن) إنزين أي حبل فيهم؟

حميد: (يشير له) هاذاك اللي هناك.

عبيد: (كأنه اتجه وربط الحبل) إن شاء الله. (يذهب حميد لمكان آخر، وعبيد يتبعه وكأنهما يعملان في شد الحبال) أقول عمي.. يعني ما يصير تعطيني لؤلؤة عودة سلف؟

حميد: اف.. وشحقه بعد؟!

عبيد: أبغي أغير حالي وأسير واخطب عليا.

حميد: هيه بس هذا عرس مب لعبان.. بعدين نسيت إنت منوه وهي بنت منوه؟

عبيد: بس الحين كل شي تغير.. عطني الدانه ترى في الآخر مهر علياء.

حميد: اغسل إيدك من دانتك، وعلياك عرست من سنين، ويابت عيال... مينونه بتترياك لين الحين، يا شينكم يا الفقارى يوم تحبون.. سر حط راسك وراك شغل.

عبيد: ليش هذا وقت النوم؟

حميد: هي نعم ورانا غوص الفجر.

عبيد: إن شاء الله عمي.

(يذهب إلى جهة ويبدأ بالنوم، بينما يبقى حميد وهو يتخيل اللؤلؤة، ويردد موالاً ما.. إظلام)

الجلسة الخامسة

(تتغير الإضـاءة لمكانهما السـابق، ولكن مع إضافة إضـاءة تكشـف نوعـاً ما عـن المـكان، وهو في الأسـاس عنبر فـي إحدى المصحات العقلية.. عبيد يواصل نومه.. يبقى حميد وهو يموّل لفترة، ثم يلتفت لعبيد)

حميد: وإنت مب بسك نوم.. ترى إن ما قمت بخليلك المكان بكبره وبطلع.

عبيد: (بألم) وين بطلع وخيازرين الأدب تتريا يلدك.

حميد: قيدونا وفرونا بين أربع طوف.

عبيد: برايهم خلهم يظنون فينا اللي يظنونه، في الآخر ترانا ملحفين جبدنا وتارسين بطنا؟

حميد: وحاسيتنا.

عبيد: ترانا نزقرها كل ما بغيناها.

| حميد: | بس حالنا وحال البهايم واحد. |

| عبيد: | تراها هوانا اللي نتنفسه. |

| حميد: | الا قول عقاب عنادنا وثمن أصلنا إلا ما اتبعناه. |

| عبيد: | ندمان. |

| حميد: | ملان يا اخوي.. الوحشه كلت ما بقى من ينبي. |

| عبيد: | وانا وين سرت تراني وياك. |

| حميد: | أدري إنت اللي مصبر أنفاسي. |

| عبيد: | ما تحن لليلسه؟ |

| حميد: | دومي أحن لها. |

| عبيد: | أحلى ما في يلستنا يا حميد إنها ملكنا.. ما قدرت خيازرينهم تمحيها. |

| حميد: | حتى العود بعدها موجود. |

| عبيد: | مب جنه مال السنباطي؟ |

(يضحك الاثنان.. يبدأ عبيد يئن)

| حميد: | بلاك؟ |

| عبيد: | زاد عليّ العوق. |

حميد: بعيد الشر عنك يا اخوي.

عبيد: عيل شليش كنت ناوي تخليني بروحي.

حميد: الحين منوه اللي بيخلي الثاني.. من كم يوم وإنت حالك مب عايبني.

عبيد: عيوني ما أروم أفتحها عدل، وريولي مب شايلتني، وجسمي بكبره يرتقل.

حميد: ودر عنك سوالف اليهال.. لا تعود نفسك على الكسل.

عبيد: الحمى ماكله ينبي.. هذا يومها الرابع.

حميد: الدختر قال شوية برد وبتقوم بالسلامه.

عبيد: الدختر جذاب.. ما يعرف ابحالتي.

حميد: يللا عاد عبيد ورانا سمره، وما تحلى بدون بنقزك.

عبيد: بعدك تتذكر.

حميد: وحدّ ينسى ذيج لسنين؟!

عبيد: عشناها بحلوها ومرها.

حميد: وماخذنا منها إلا الذكرى.

عبيد: (يقف بصعوبة وهو يحاول أن يضحك) أسميها أيام.. يودني.

(يمسك حميد بيده.. تضيء إضاءة الغرفة.. يتفاجأ الاثنان)

عبيد: (متلفتاً) منوه فتح الليت؟

حميد: مب أنا.

عبيد: (ضاحكاً) أكيد عيل مب أنا.

حميد: عيل منوه؟

عبيد: علمي علمك لايكون حدّ غير ويانا في الحجرة.

(يهم عبيد بالخروج من المكان)

حميد: وين ساير؟

عبيد: بسير أرد البنقز، وبالمرة بدخل الحمام.. أحس بمصارين بطني تتقطع.

حميد: جيه إنت شو كلت؟

عبيد: ما أدري.. خلاص هدني.. بسير بروحي.

(يغادر عبيد المكان بشيء من الحزن، وهو يردد)

حميد:	لا تتأخر.. إذا بغيتني أساعدك ازقرني يا عبيد.. إنت ياما ساعدتني ما بتي على هاللحظه اللي أردلك جميلك.. عبيد تسمعني تراني يالس أترياك ترد.. إنت بس ازقرني سامع.

(يدخــل في هذه اللحــظة الشـخص، وهو يلبس ملابس المستشــفى من الجهة المقابلة، وهو متجه نحو حميد)

الشخص:	يا حميد.
حميد:	هذا مب صوت عبيد.
الشخص:	هذا أنا.

(يلتفت حميد له، وهو يتمقل في وجهه)

حميد:	وجهك مب غريب عليّ!!.. منوه الريال؟
الشخص:	راعي الجلسة.
حميد:	الجلسة... إشفيكم مستعيلين اليوم؟
الشخص:	ما صدقنا تفضى.
حميد:	الظاهر عجبكم صوت ولد النوخذا.. أنا بعد قلت الفن الأصيل يجيب نتيجه.. لكني بعاند وما بسير.
الشخص:	ليش عاد.. الجلسة ضرورية لحالتك.. ومن دونك ما تسوى.

| حميد: | والدمبكجي مالي.. عبيد. |

| الشخص: | عبيد. |

| حميد: | لا تقولي بعده يرابع وراء الطقاقات.. ترى شفت آخرتها وين عقوه. |

| الشخص: | دامك تعرف وين هو... عيل خلنا نلحق على الجلسة. |

| حميد: | بس أباها تكون جلسة على كيف كيفك. |

| الشخص: | هالجلسة اليوم غير... جلسة كهربائية على مزاجك. |

| حميد: | شوف إنت.. والله وتطورت الجلسات! وين قبل ووين الحين. |

| الشخص: | كيف عيل كل شي في هالحياه يتطور، لا وأزيدك من الشعر بيت.. عيال عمك متوصين في جهازك قالوا محد بيرد حاسية حميد غيره. |

| حميد: | إنزين، أول بادي خلني أتريا عبيد، ونسير يميع. |

| الشخص: | يا حميد.. عبيد ما بيرد. |

| حميد: | ليش عاد؟ |

| الشخص: | عبيد متوفي من سنتين. |

حميد:	يا ريال شو هالكلام؟!

الشخص:	لانه ربيعك الظاهر بعدك تهاذييه.

حميد:	إنزين، كيف جلسة من دون بنقز ما يستوي.

الشخص:	تراك بتموّل قبل.

حميد:	وأخيراً رضيتوا تسمعون موالي!!

الشخص:	لا، أنا أقنعيتهم.

(يأخذه إلى غرفة الجلسة، وهما يتحدثان)

حميد:	الجماعه أكيد سميعه مب دفيعه.

الشخص:	سميعه يا حميد مثل ما طلبت يلا عاد.. لا تأخرني عن اليلسه. (يأخذه من يده، ويخرج به من الاتجاه الآخر)

حميد:	الفرقه جاهزه؟

الشخص:	كلهم يتريونك.

حميد:	شوف تراني ما أبغي رقصات.

الشخص:	حاضر ولا يهمك.. يلا عاد عجل شوي.

(يواصل حميد أسئلته والشخص يرد عليه، وهما يختفيان من على الخشبة.. إظلام تدريجي مصحوب بمؤثر مناسب)

قوم.. كش بطير

مسرحية

الشخصيات

1 – سمعول بوطير: رب الأسرة (يكنى بـ«كش بطير»)

2 – موزانة: الأم.

3 – سلمان: الأخ الأكبر.

4 – سلامة: الأخت الوسطى.

5 – سلوم: الأخ الأصغر.

6 – الخال صالح: أخو الأم موزانة.

7 – العمه مرزوقة: أخت سمعول الصغرى.

8 – راجوه: خادم البيت.

9 – مرهون: صديق العائلة.

10 – السردار: هندي من طائفة السيخ.

11 – الباي فيتر: راعي محل متعاون.

12 – الدكتور: دكتور زائر.

13 – حسون بوفنون: منتج تلفزيوني.

14 – عدد 4 عازفين: أصدقاء سلمان.

15 – عدد 2 عازفين: صديقا سلوم.

المشهد الأول

(على أنغـام أغنية تعريفية تتحـدث عن سمعـول وبخله وكيـف أن البخـل يـؤثر في سيرة العائلة حتى نهـاية الأغنية.. تفتح الإضاءة على صالــة بيــت سمعـول بوطير.. صالــة متواضعة فيها بعض الكنبـات، هناك ثلاثة أبـواب؛ الأول في يمـين المسرح يؤدي للمطبخ، والثاني في اليسار يؤدي إلى خـارج البيت.. بينما الكبير في الوسـط يؤدي إلى باقي الغرف في المنزل.. سرعان ما نسمع صوت شجار بين سمعول والبشكار راجوه مـن داخـل المطبخ)

صوت سمعول: فلوس وفلوس.. شو فلوسه.. فلوس.

صوت راجوه: فلوس مال سامان بيت مال إنت.

صوت سمعول: بيت مالي وأنا كل يوم بعطيك فلوس!

صوت راجوه: إنت أصلاً من سنه ما يعطي حق أغراض.

صوت سمعول: بعد تتبلا عليّ.. مب أمس مشتري أغراض؟

| صوت راجوه: | بصل بس. |

| صوت سمعول: | الا نص درزن بصل ما تقولي ليش ما بقى منهم إلا حبتين؟! |

| صوت راجوه: | والله يا أرباب أنا ما يدري.. أنا ما فيه ياكل. |

| صوت سمعول: | عيل منوه كلهم.. كلك السرو.. تكلم انطق. |

(تظهــر البنت ســلامة من غرفتهـا منزعجة لما يحدث)

| سلامة: | أف حشى مب بيت كل يوم أصحى على ضرابه والا فواتير!! |

| صوت سمعول: | ترى إن ما استويت ريال بفنشك، وما بعطيك فلس واحد. |

| صوت راجوه: | إنت فيه خمسه شهر ما يعطي معاش. |

| صوت سمعول: | بعد تتبلا علي! |

(يضربه.. البنت متأففة.. يخرج الأخ ســلوم وهو متضايق)

| سلوم: | يعني بيزات في هالبيت ماشي، بعد نوم ماشي! |

| سلامة: | وأبـوي يخلي حد ينام.. كل يوم متعاجل ويا هالبشكار. |

موزانة: (داخلة) شو مستوي... منوه اللي ياي يطالبنا بعد؟

سلامة: السالفه مب سالفه ديانه يا أمي.. أبوي متعاجل مع البشكار.

سلوم: (ضاحكاً) متعاجل.. خوش اسم.. تصلح مطلع أغنيه.

موزانة: صخ إنت صخ.. ما تقولي الساعه كم راجع البيت أمس؟

سلوم: خمس الفجر.

موزانة: وليش عاد كل هالسهر؟

سلوم: نسيتي إني في فرقه أجنبيه.. يعني نحنا حفلاتنا تبدا من عقب الساعه 12.. مب شراتكم الساعه 8 و9.

سلامة: وشمعنى عاد؟

سلوم: المزاج ما يعتدل إلا عقب هالوقت.. بعدين هاذيلا أجانب والواحد لازم يبذل معاهم مجهود خرافي.. تدرين نوعية الأغاني القديمه لمايكل وبوب مارلي تبغيلها تعب.

سلامة: عدال يا جاكسون.

سلوم: اطنزي.. باجر بتتندمين على طنازتج هذه.

موزانة: خل عنك سلامة.. إنت متى بتحلق هالكشه هذه؟

سلوم: هذه جزء من اللعبه.. بعدين أمي أنا يالس أشتغل
             علشان أسدد ديون هالبيت اللي ما تخلص.

موزانة: (تتنهد) صدقك.. وهالديون منو حطها على
             ظهرنا غير أبوك؟!

الباي فيتر: (صوته قادم من الخارج) ماما أنا نور العالم.

موزانة: دش يا نور العالم، وسير شوف الحمام اللي فوق.

الباي فيتر: (وهو داخل) زين ماما (يدخل متجهاً للغرفة)

موزانة: يحليله نور العالم متعبينه ويانا ليل ونهار.

سلامة: هالنمونه يا أمي يدورون البيزه دوره.

موزانة: الريال صابر علينا ثلاث شهور وما بطل حلجه.

سلوم: بييه يوم وبيتم ينابح والسبه بخل أبوي.

موزانة: خلك إنت من أبوك ولا تتأخر وديه ثانيه إنت
             وأخوك.. رتب وياه.. لا تخلون البيت خالي.

سلوم: إنزين يا امي وإنتي شو مسهرنج كل يوم لين
             الفجر!؟

موزانة: أترياك إنت وأخوك.

سلامة: تتريينهم والا مجابله هالبلاك بيري؟

سلوم: أفا... حتى أنت يا بروتس!!

موزانة: منوه بعد هذا؟

سلوم: علموج على البيري هذا.. أعوذ بالله.. هذا مرض هذا العصر.

سلامة: لك هو از توكن.

موزانة: إكزاكلي.

سلوم: بعد.. تتكلمين إنجليزي يا الوالده!

موزانة: وشحقه ما أتكلم.. تتحراني متخلفه؟!

سلوم: لا يا أمي العفو محد قال جذه.

موزانة: أنا مجابله التليفون لاني ما نمت من شخير أبوكم.. أسميه يقسم تقسيمات ما خلا مقام ما طلع ونزل فيه.

سلامة: نسيتي ان أبوي مريض يا أمي.

موزانة: بسج من كثر ما تدافعين عنه يا بنت أبوج.. أبوج أمرضنه هالبخل اللي فيه.

سلوم: على طاري البخل يا أمي لين متى بنتم على هالحال.. أدش البيت وأنا مغطي ويهي من الديانه.. سلمان حط جلب والسبه الديانه وماشي فايده... أبوي مصر ايود البيزه عنا.

موزانة: حياتنا كلها سلف ودين!

سلامة: بس بعد أحسن من غيرنا.

سلوم: أنا واحد بيني يوم وبهج من هالبيت.. أبوي هذا لازم نشوفله صرفه.

موزانة: عيزت وأنا أدور حيله أبغي أبوكم هذا ايوز عن بخله.. بس مب قادره.. هالبخل متأصل فيه أب عن جد.

سمعول: (وهو داخل) منوه اللي متأصل فيه البخل يا تفاحوه؟

(يخاف الثلاثة منه ويتكورون معاً)

سمعول: إشبلاكم صختوا.. أشوف طلع لكم صوت في هالبيت.. تكلموا!

موزانة: وشو تبانا نقول؟

سمعول: قولي نقل قلت حنوجك.. إنتي اللي تكوكين عيالي علي.

موزانة: الحين أنا يا سمعول؟!

سمعول: كل يوم والثاني سيروا عند أبوكم خلوا يعطيكم.. تتحريني ما أسمع.

موزانة: ما في داعي هالرمسه جدامهم الحين هاذيلا صغار.

سمعول: هاذيلا صغار.. هاذيلا فيله عيل كل ما أييب سامان في هالبيت يزطونه زط!

سلوم: آخر مره يايب سامان رمضان اللي طاف.. قوليلهم يا سلامة منوه ياب باقي السامان.

سلامة: باقي الأغراض خالي صالح اتصدق ابهم علينا.

سمعول: (يهم نحوها يريد ضربها) حتى إنتي طلعلج صوت!

سلامة: أنا ما اشتكيت يا بوي.. (يرن هاتف المنزل)

سمعول: (مستغرباً) هذا ما كان مقطوع؟!

موزانة: البركه في خالي دفع الفاتوره.

سمعول: (يرفع السماعة) ألو.

الصوت: ألو.. هذا بيت كش بطير؟

سمعول: انطب طبك الله (يرمي السماعة) قصوا وايره هالجلب.

الصوت: ألو.. ألو.

سلامة: (تتناول السماعة) ألو نعم.. تفضل.

الصوت: أنا ولد عم أبوج.. عطيني أبوج هالزطي. (تناول أباها السماعة)

سمعول: (يتناول السماعة) منوه يتكلم؟

الصوت: أنا صابر ولد عمك رجب.

سمعول: وإنت كم مره قايلك لا تيب طاري هالاسم على لسانك.. أنا اسمي بوطير مب اللي قلته وتحمل تقوله مره ثانيه.

الصوت: أنا متصل فيك أقولك ان أبوي عازمنك إنت وهلك على عرسي.

سمعول: دام فيها صينيه حاضرين.. سلم عليه ومع السلامة (يغلق الخط) الاتصال وايد وايد يزيد الفاتوره.

موزانة: إنت عافانا الله على منوه طالع؟

سمعول: على أمي غزاله.

موزانة: من جذه والا ابوك من أكرم الناس.. أثاريك متوارث هالبخل من الأم!

198

سمعول: أعتز بأمي غزاله؛ لأنها وقفت وياي في أيام الشده.

موزانة: وهذا نحنا نمر في أيام صعبه في أشد من جذه.. عيل أنا حرمه ما أقدر أسير الأعراس، والسبه ان ما عندي كندوره ألبسها جدام الحريم.

سلامة: حتى أنا يا بوي.. متفشله وأنا داشه وطالعه من الجامعه، والسبه هالقميص اللي ألبسه ليل ونهار.

سلوم: حتى أنا.

سمعول: (يمسك قلبه) أي قلبي.. قلبي..

موزانة: رد على هالأسطوانه!

سمعول: يودوني يتني الأزمه.

سلوم: (يقترب من والده ويمسك به) تعال يا بوي تعال.

(يغـادر المـكان.. يخـرج البـاي فيتـر من غرفة ويدخـل غرفة أخرى، وهـو يحمل قطعـة ما.. نرى راجـوه يحمل حقيبته ويهـم بالمغـادرة، وتستوقفه الأم)

موزانة: على وين يا راجوه؟

راجوه: خلاص عافك الخاطر.

| موزانة: | شو بعد عافك الخاطر، إنت تدري بريلي؟ |

| راجوه: | ماما.. هذا حرام.. أنا إنسان.. حياتي كلها يقضيها هنا في هذا البيت.. ماما حرام أنا كم سنه كله يتسلف.. ياكل مع القطو.. واسرح مع الراعي. |

| موزانة: | بس عاد لاتعور قلبي.. أرجوك علشان خاطر العيش والملح. |

| راجوه: | وبيتكم أصلاً فيه عيش.. كله في ملح وملح يابس. |

| موزانة: | ما عليه عطني مهله هالشهر، وإن شاء الله بدبرلك معاشك. |

| راجوه: | هذا آخر فرصه ماما. |

| موزانة: | خلاص.. حط شنطتك وسير جابل شغلك. |

(يتجه راجوه مع حقيبته للمطبخ، ثـم يسـتوقفه صـوت نباح الكلب فيدع الحقيبـة جانباً ويتجه.. لحظات ونسمع صوت الخال قادماً من الخـارج مصحوباً بصوت كلب)

| الخال: | (صوته من الخارج) سي سي. |

(يزيد نباح الكلب.. ثم يدخل الخال وملابسـه شبه مقطعة)

الخال: حسبي الله عليك يا كش بطير.. حاطي لي كلب عاد!!

(موزانة وسلامة يقتربان منه)

موزانة: سلامات أخوي.

الخال: أي سلامات وإنتوا خليتوا فيها سلامات.. وينه كش بطير؟

صوت الأب: انطب طبك الله.

سلامة: قصر حسك يا خالي لا ايينا ويعفسنا.

الخال: خليه يسمع عيل هذا جلب.

سلامة: هذا جلب سلمان يا خالي.

الخال: وسلمان ما يعرف يربط هالوحش اللي هادنه ينهش لحوم البشر!

موزانة: طول بالك.. بسير أييب لك القهوه.

سلامة: اسمحلي خالي بسير الجامعه.. باي. (تتناول عباءتها وتخرج.. يخرج الباي فيتر من المطبخ وهو يحمل كمية ملابس ويمر عليهما يلقي التحية)

الباي فيتر: السلام عليكم.

الخال:	وعليكم السلام.. إنتوا بعد بطرانين.. هالكثر بشاكير.

موزانة:	هذا الباي فيتر.

الخال:	باي فيتر ويشل ثياب؟!

موزانة:	نور العالم ما يقصر ويانا، كل شي يشتغل.. بسير أييب لك شي تشربه.

(تتجه نحو المطبخ)

الخال:	(يتحسس مكان العضّ) حسبي الله عليك من جلب.. عنبوه مب ضـروس.. حاطله ناب الملعون.. أشوى ما عضني والا الحين أنا مسدح في المستشفى.

(صوت سلمان قادماً من غرفته)

سلمان:	هذه نوعيه نادره من الجلاب.

(الخال يقترب مستقبلاً سلمان)

الخال:	هذا مب جلب هذا ولد ستين جلب.

(يظهر سلمان منزعجاً.. ويتقدم من خاله محاولاً إرضاءه)

سلمان:	طول بالك يا خالي.

الخال:	وإنتوا خليتوا فيها خال.. إنت وينك ما تقر في هالبيت؟

سلمان:	شو أسوي.. حياه الفن تاخذ الإنسان عن أهله وبيته.

الخال:	عدال يا هاني شاكر.

سلمان:	هايلاً مطربين زمانكم.. لكل زمان يا خالي دوله ورجال.

الخال:	شوفولكم حل ويا أبوكم.. أنا أختي عيزت وهي تنصحه يودر هالبخل ومب طايع!

موزانة:	(وهي قادمة بالدلة) عيزت ياخوي عيزت.

الخال:	إنزين إنتي ليش ما تفكين نفسج، وتطلبين منه الطلاق؟ (يخرج سلوم وهو يضع الجيتار على ظهره مغادراً)

سلوم:	صح لسانك خالي.

الخال:	(يمسك سلوم من رأسه) إنت ما تقولي شو هالشعر هذا؟!

سلوم:	خالي هذه موضة الستينات ردت من يديد.

سلمان:	أخوي مسمينه سلوم جاكسون.

الخال: جاكسون.. والله حيرتونا إنتوا الشباب.. ما خليتوا قصه ما سويتوها.. ما تقولي شو مستفيد من قصتك هذه؟

سلوم: هذه تعكس جمالي.. أنا.. معذب المعجبات.. قاهر الشقراوات.

الخال: إنت.. كدينا خير يوم إنتوا الجيل اللي معتمدين عليه.

سلوم: خالي أنا صح ما مني فايده.. ما فلحت في المدرسه.. وإعداديتي المتواضعه ما تاكلني عيش، لكن صدقني فني بيوصلني السما.. شدراك يمكن أفلح في الميوزك.. باي باي.

(يهم سلمان بالخروج وهو يتناول غترته وعقاله)

سلمان: اسمحولي عندي مقابله فنيه في التلفزيون.

الخال: عاد اتوصى في خالك.. يعني ادهن سيري.

سلمان: عيوني لك خالي، باي.

(يخرج الباي فيتر من غرفة ما ويتجه للمطبخ)

الباي فيتر: السلام عليكم.

الخال: وعليكم السلام.. وهذا بس هذا دوره داخل وطالع!

موزانة:	المؤلف يبغي يشجع المواهب.. خلنا منه الحين وخلنا في سمعول.

(يجلس على «الغنفة» ويطلع بعض الأوراق من جيبه)

الخال:	مصادري الخاصه أكدت لي بان ريلج يعتبر ثامن أغنى رجل في العالم!
موزانة:	شو هالكلام اللي تقوله!
الخال:	مب مني.. هذه الإحصائيات والدراسات اللي سوتها شركه ألمانيه بهذا الخصوص.

(يريها بعض الأوراق)

موزانة:	معناته إن حسابه وايد!
الخال:	هي نعم.. بس عاد المحللين ما يعرفون بالأرقام في أي مصرف أو بنك.. بس يعرف انهم في مكان ما.
موزانة:	عيل كيف قاسوا هالإحصائيات اللي تقول عليها؟
الخال:	عندهم طرقهم الخاصه.. المهم كيف ننتزع هالمبالغ منه؟
موزانة:	قلت لي إن عندك خطط جهنميه.. هات سمعني وحده منهم.

الخال: الخطط كثيره، وأول خطه جهنميه ويبالها موسيقى تصويريه شرات مال الأفلام.. عطني موسيقى (تنزل موسيقى عادية) لالا، هذه ما فيها أكشن (تنزل موسيقى مناسبة) بس هذه عدله.. اسمعي.. ريلج هذا ما بيتادب إلا بهالخطه الجهنميه.

موزانة: إنزين عاد قول وفكنا.

الخال: إن شاء الله.. اسمعي.

(تتصاعد الموسيقى والخال يشرح.. إظلام)

<h1 style="text-align:center">المشهد الثاني</h1>

(نفس صالة البيت السابقة.. الزمان: إحدى الليالي المقمرة.. سلمان ومعه مجموعة من أصدقائه ومعهم آلات موسيقية وهم يتمرنون على بعض الأغاني التي يغنيها سلمان ومع نهايتها.. نرى الباي فيتر يدخل وهو يحمل بيبات.. يمر عليهم.. نرى العمة مرزوقة قادمة وهي سيدة متدينة وعصبية، وما إن ترى الفرقة حتى تصرخ فيها غاضبة)

مرزوقة: شو هالكلام هذا!!! موسيقى في بيت أخوي.. أستغفر الله العظيم.

سلمان: عمتي الشريه مرزوقة.

مرزوقة: شروك إنت وربعك على شراع.. يلا أشوف.. برع إنت وياه.

سلمان: عمتي عيب جه.. هاذيلا فنانين.

مرزوقة: عيل بيت سمعول بوطير.. الريال القبيلي.. يندق في بيته موسيقى وكلام فاضي.. اتق الله!!

سلمان: هذا مب كلام فاضي.. هذا فن، وأنا ما أسمحلج تهينين ربعي.

مرزوقة: بتسمحلي بهالعصا (تبدأ في ضرب أصدقائه حتى تطردهم)

سلمان: (غاضباً) هذا التصرف ما ينسكت عنه. (يغادر المكان منزعجاً)

مرزوقة: الشرهه مب عليك.. على أبوك اللي ما علمك الأدب.

سمعول: (متدخلاً) إشبلاج يا مرزوقة ياي بحشرتج؟!

مرزوقة: تعال شوف ولدك المحترم شو قاعد يسوي من إثم!

سمعول: عيل لو شفتي ولدي الثاني شو بتقولين؟!

مرزوقة: هذا عيب وحـرام يا سمعول.. لو حياة أبوي صقران بوطير حي جان ما سووا عيالك جذه.

سمعول: الله يرحمه.. هاذاك مطوع وما يحب هالسوالف.

مرزوقة: عيل كيف راضي لولدك يدخل هالنجاسه في بيتك؟!

سمعول: عاد إنتي لا تسوينها سالفه عـوده.. خلج من هالأشياء واستريحي.

مرزوقة: (تنظر للكنبات) شو هالمكان.. عنبوه متى ناوين تغيرون هاليلسه هذه؟

سمعول: جريب.. خلينا من اليلسه.. خير.. شو ياينج اليوم؟!

مرزوقة: الحايه هي اللي يابتني لك.

سمعول: أي حايه بعد؟!

مرزوقة: نسيت ان ورثي كله عندك؟!

سمعول: (بتأفف) حشى ما صار ورث اللي تطالبيني فيه ليل ونهار؟!

مرزوقة: عطني إياه، وفكني من هالسالفه كلها.

سمعول: إنزين من وين يا حسره.. سوق الأسهم جتلني ويابلي الأمراض، وعقاني على فراش المرض بخسارتي.. وهذا أنا مب مترقع من ذاك اليوم.

مرزوقة: ولدي بيعرس يا سمعول وأنا ما عندي.. وسيارة البيت يبالها تغيير، كل يوم والثاني معقوقه في الكراج.. والبنت تبى تشتري لابتوب حق الجامعه.. كل هذا بفلوس.

سمعول: (يمسك قلبه) بس بس.. أي.. قلبي.

مرزوقة: شو ياك؟!

سمعول: ما أقهر هالكلام.. أو حد ييب طاري الفلوس.. خلاص خليني أشوف الوضع وبرد عليك (يخرج له عشرة دراهم ويناولها) يودي مشي حالج

مرزوقة: (باستغراب) شوه!!.. أمشي حالي بعشر دراهم شو هالكلام!!

سمعول: لا تعوريلي قلبي زياده.. خليني أشوف شو في التجوري وبرد عليج عقب شهر.

مرزوقة: سمعول.. لا تخليني أوصل السالفه للمحكمه.. تراها بتطلع لي حقي منك بالقانون.

سمعول: ياي وتهددني بعد.. أي قلبي الحقوني.

سلامة: (وهي داخلة) خير يا عمتي؟

مرزوقة: أبوج كرم الحق ما يعجبه.

سمعول: وديني حجرتي سلامة.. ما أروم أصلب عمري.

سلامة: (تأخذ يد والدها، وتذهب به إلى الداخل) تعال أبوي تعال.

الخال: (قادماً مع سلمان من الخارج) تعال وياي بشوف عمتك هذه اللي محد تارس عينها.

مرزوقة:	هذا إنت يا صلوح؟!
الخال:	اسمي صالح ولد بوعمران، ازقري الرياييل بأساميها يا بنت كش بطير.
سمعول:	(من الداخل) لا تقولون كش بطير.
مرزوقة:	احترم نفسك يا صلوح، لا تقول حرمه وبتسكت.
الخال:	عيل مالج حق على ولد إختي.. المطرب الكبير سلمان بوطير.
مرزوقة:	الحين سلمانوه هذا استوى مطرب كبير؟!
سلمان:	هي نعم، وعندي ألبومين وكلبات وراشد الماجد والجسمي طالبين مني لحنين.
مرزوقة:	والله حاله.. وفرحان بالمنكر هذا؟!
الخال:	لو سمحتي يا بنت كش بطير.. تطلعين وتطيرين من بيت إختي.
مرزوقة:	هذا بيت أخـوي اللي ماكل حلالي وحلال عيالي... وبتم لكم هنيه عظم في بلعوكم.

(تدخل الأم)

موزانة:	الناس تسلم يا مرزوقه!

مرزوقة: سلمت ومحد رد السلام.. وطلعه من هالبيت ما بطلعها قبل ما تعطوني حقي.

موزانة: يوم بيعطنا أخوج حقوقنا عقبه بتاخذين حقج.

الخال: إلى ذلك الوقت تفضلي اطلعي بالزين.. ولد أختي وراه عرس مهم ولازم يخلص بروفته.

مرزوقة: أنا سايره.. لكن ريلج عنده مهله هالشهر.. والا ترى المحكمه بتاخذ نصيبي ونصيب عيالي.

(يغادر مرزوق وسلمان مختبئ)

الخال: أفا عليك يا ولد أختي ما اييبها إلا رجالها.

سلمان: مشكور يا أحسن خال.

الخال: عاد امدحني في مقابلاتك ما يخدم بخيل.. تراني راعي نوبان مشهور.

سلمان: وهل يخفى القمر.. ولا يهمك يا خالي.

موزانة: خلك من سلمان وتعال خبرني شو سويت؟

الخال: طوفي.

(يأخذها ويذهبان من الجهة الأخرى.. ينزل الباي فيتر من الأعلى)

الباي فيتر:	فيه مشكل كبير سلمان.

سلمان:	خير يا نور العالم؟

الباي فيتر:	البرغي مال المغسله خربان.

سلمان:	اف.. يا الله اخترب!

الباي فيتر:	وما فيه قطع غيار.. هذا موديله قديم.

سلمان:	والحل؟

الباي فيتر:	بيتأخر تصليحه أسبوع.

سلمان:	عادي.. عندك العمر كله.. خذ راحتك. (يغادر الباي فيتر.. سلمان يتصل بأصدقائه) حمود.. خبر الشباب يردون.. لا لا يخافون خالي موجود. (يدخل في هذه الأثناء سلوم ومعه صديق)

سلوم:	مرحبا سوسو.

سلمان:	تعال.. تعال.. وين تبى؟

سلوم:	شو بعد أنا بعد عندي بروفه في الصاله.

سلمان:	أي صاله؟!

سلوم:	مب الكبرى ولا المتوسطه ولا صاله الأمراء.. بعد كم صاله عندنا؟!

سلمان:	هي بس أنا ما خلصت بروفاتي وحفلتي باجر.. خذ ربيعك وسير.

سلوم:	أنا بروفتي صولو بس.

سلمان:	إن شاء الله السلم الموسيقي كله مب شغلي، يلا.

سلوم:	هي بس أنا عندي حفله أجانب مهمه.. وهاي الحفله بتجربني من هوليود.

سلمان:	قاص على نفسك.. إنت مجرد مطرب عازف مب ممثل.. لو سمحت اذلف وخلني أخلص بروفتي.

سلوم:	بخليك بس باجر الدور علي.. يلا جوني.. لس قو.

(يخرج سلوم ويبدأ أصدقاء سلمان بالتوافد.. ويبدأ سلمان بالغناء وبالعزف.. إظلام)

المشهد الثالث

(في نفس الصالـة.. الزمان آخر الليل.. إضاءة خافتـة تصاحبها موسـيقى مضحكة.. نرى على إثرها سـمعول وهو يخرج من غرفة نومه وهو متلثم يمشي كاللصوص حتى يصل إلى باب البيت، يفتـح الباب، ويدخل راعي الدكان بخلسة وهو يحمل صرة.. يـطل في هذه اللحظة خادم البيت وهو يراقـب الوضـع.. ثم يهـز رأسه ويتجه إلى غرفة سلوم)

سمعول: هاه بشّر.. إن شاء الله يبت اللي طلبته منك؟

راعي الدكان: كل اللي طلبته.. بس ليش جبتني نص الليل مثل الحراميه؟!

سمعول: قصر حسك (يتلفت) ما أبغي حد في البيت يدري باللي بيني وبينك.

سمعول: خلاص مثل ما تحب.

(يخـرج سلوم ومعـه الخـادم وهمـا يراقبان

الوضـع.. ثم يهز رأسـه، ويتجه لغرفة سـلمان، حيث يشير ان له فيخرج معه ويسترقان السمع)

راعي الدكان: (وهو يفرش الصرة) من وين تبغينا نبدأ؟

سمعول: قبل ما نبدأ.. ترى هالموضوع أبغيه يبقى سر بينا وبس..

راعي الدكان: أفا عليك.. أنا صاحي بس من وين نبدأ؟

سمعول: من الأغلى إلى الأرخص.

راعي الدكان: بس الغالي سعره فيه.

سمعول: يا الله خلنا نخلص المهمه قبل الفجر.

سلمان: (بصوت عالٍ) هذه آخرتها يا بوسلمان؟!

(راعي الدكان يلم الصرة سريعاً.. يتفاجأ سمعول بهم)

سمعول: سلمان.. سلوم!

سلمان: معقوله يا بوي!

سلوم: إنت عاد.. يا خساره التربيه!

سمعول: شو السالفه؟

سلوم: أبوي يستخدم مخدرات.

سمعول: شو مخدرات!

سلمان: إلا يتاجر في المخدرات، وفي بيتنا!

سلوم: وفي نص الليل مع شخص غريب مب عيب يا كبير العايله!

سمعول: إنتوا فاهمين غلط.

سلمان: عيل وين الصح.. ونحن نقول ليش أبونا بخلان علينا.. هالفلوس أثاريها فلوس حرام!

سلوم: (يبكي مثل المسلسلات) حرام عليك ضيعت مستقبلي جان قلت من قبل إنك مب أبونا.. جان درنا مراكز الأيتام ندور على الحقيقه.

سلمان: إيش قاعد تقول؟!

سمعول: الموضوع وما فيه..

سلمان: لا تكمل.. خذ زعيم المخدرات ربيعك وطلعوا من بيتنا.

سمعول: اسمع إنت وياه.. لازم تعرفون ان هذا راعي الدكان (يزيح لثامه) وهالبقشه فيها فواتير الدكان.. والريال ياي يتحاسب وياي بس.

سلوم: في نص الليل؟

سمعول: إنتوا ياي تحاسبوني على يلستي وقومتي!

سلمان: (وهو ينظر للبقشة) عموماً يت سليمه.. أتمنى إنك ما تعيدها.

سمعول: خذ أخوك واذلفوا لا أرقد عليكم بالعصا يللا.. وإنت يا بشكار السوء.. فارج لا بركتن فيك.

سلوم: (يحدث راعي الدكان) يعني في أمل نحصل فلوس هالشهر؟

راعي الدكان: الناس كلها تتسلف.. من وين نيب الفلوس؟

سلمان: هذا شكله أخس من بعض الناس.. طوف طوف. (يغادر الجميع ويبقى الأب وراعي الدكان.. ويعود لفتح الصرة.. يمر في هذه الأثناء راعي الباي فيتر وهو يحمل «بيب» طويلاً)

الباي فيتر: السلام عليكم.

الاثنان: وعليك السلام.

سمعول: يللا ابدأ.

راعي الدكان: أول الشهر في تاريخ 2/5 الساعه عشره ونص فتحنا الدكان، وأول زبون كان سعود ولد ميثوه واشترى حلاوه وهذه فاتورته..

سمعول: حلو.. عطني اللي بعده وبالتفصيل.

(مع موسيقى مناسبة وسريعة يشرح راعي الدكان الفواتير حتى يصل للأخير)

راعي الدكان: وهذا آخر فاتوره مال أربع شدات لبن بقيمة 40 درهم.

سمعول: على جذه دخلنا هالشهر.. 35 ألف و420.

راعي الدكان: عدل مع بعض الخرده.

سمعول: (يحك إيده) ناولني أشوف.

راعي الدكان: أناولك شو؟!

سمعول: الفلوس.

راعي الدكان: ترى سلمك الله الفلوس.. نصها دين.. والنص الثاني معاشي أنا ومحي الدين، والباقي آجار المحل.

سمعول: يعني شو.. كل هالخساير وما أطلع من هالدكان بشي.. أنا قررت أبنده وللأبد.

راعي الدكان: وتقطع رزقنا؟!

سمعول: شرات ما تقطع رزقي ويا حساباتك هذه.

راعي الدكان: (يخرج من جيبه 500) تفضل هذا اللي باقي.

سمعول: شو.. 500 درهم.. أي قلبي.. قلبي.

راعي الدكان: (يخرج 500 أخرى) تفضل.

سمعول: أي القولون.

راعي الدكان: ابصراحه هذا كل اللي عندي.. برخصتك.

سمعول: (يلحق به) هيد قلتلك ما عليه وين بتسير.. براويك.

(يخرج راعي الدكان ويتجه سمعول لغرفته.. نرى سلامة وهي تخرج من غرفتها وهي تتحدث في الهاتف)

سلامة: الحاله صعبه يا جاسم.. إنت لازم تي وتقابل أبوي وتفكني من هالعيشه.. هاه.. بتحمل بس بعيده من هالبيت.. أبوي بيذبحنا ابخله.. الناس تعايرنا.. أهل أمي وأبوي مب راضين بهالعيشه.. شو أسوي الحياه في هالبيت صعبه.

صوت سلمان: لالالا، ما أقدر.

(صوت سلمان يربك سلامة)

سلامة: يلا بصكر الحين.

سلمان:	(يخرج وهو يتحدث في الهاتف) ما أقـدر يا عمري.. الشبح في الكراج والجاكور ماخذنه ربيعي.. بس أوعدج (ينتبه لأخته) لحظه.. إنتي هنيه ما نمتي؟!
سلامة:	وين بييني النوم وإنت تدري بالحاله.
سلمان:	سيري حطي راسج والأمور بتمشي إن شاء الله.
سلامة:	تصبح على خير.
سلمان:	وإنتي من أهله.
	(تغادر.. يتأكد سلمان من خروجها)
سلمان:	ألـو.. ألـو.. ابتسام.. هذه وين اختفت (يعـاود الاتصال) ألو وين سرتي.. الرصيد.. إنتي اللي لازم تطرشيلي رصيد مب أنا.. عيزت في اليوم الواحد أطرشلج 3 و4 مرات.. المهم.. اتحرك شو ورشحيني عند أهلج.. شو علشـان عرسنا.. لالا أقصـد رشحي فرقتنا.. لازم حبيبتي نجمع فلـوس العرس.. سيايري.. لالا هاذيلا هدايا ما يصير أبيعهم.. إنتي أهلج عيال عز ويوم بيطلبون فرقتنا بيكون الخير لي ولج. (فجأة تطفأ الكهرباء) ألو ابتسام ما أشوفج، أقصد ما أسمعج عدل!

صوت الأم: شو مستوي هناك؟

صوت البنت: منو بند الكهرباء؟

صوت سلوم: الظاهر.. الكيبل احترق.

صوت سلمان: إلا قول ما دفعنا فاتورة الكهرباء من 4 شهور.

(مؤثر موسيقي.. نهاية المشهد.. إظلام)

المشهد الرابع

(فــي نفس صالة البيت.. صبــاح أحد الأيام.. صوت مرهون وهو يتشاجر مع الكلب والخـادم من بعيد.. يظهـر سمعول منزعجاً)

سمعول: شو هالحشره يا راجوه؟!

راجوه: (يدخل) هذا مرهون يجي.

سمعول: مرهون ولد نصيب.. وهذا شو اللي ذكره فينا عقب هالسنين..!! خله يدش.

(يدخل مرهون وملابسه شبه مقطعة)

مرهون: حسبي الله عليه من كلب.. هين كش بطير.

سمعول: (غاضباً) انطب طبك الله.

مرهون: سامحني سمعول.. نسيت.

سمعول: جان اتصلت قبل ماتي.

مرهون: الحين السامان اللي يايبنه كله كلاه الكلب.. حسبي الله عليه.

سمعول: ليش إنت يايب سمج والا لحم؟!

مرهون: يايب خضره من المزرعه، لكن كلبكم هذا ياكل كل شي.

سمعول: استريح استريح.. إنت موفيك ياي محرج!

مرهون: أنا ما ياي أستريح.. أشوف عطني فلوس المزرعه.

سمعول: أي مزرعه؟!

مرهون: اللي اشتريتوها في ولايتنا وما دفعتوا ثمنها.

سمعول: أنا.. (يمسك قلبه) أي قلبي.

مرهون: لا تسويلي قلبي ما قلبي.. نسيت من سنتين يوم ييت وقلت لابوي أبغي آخذ هالمزرعه، وعطيته أوراقك علشان المبايعه وقالك اصبر.

سمعول: هي قالي اصبر، وأنا بعد نسيت الموضوع.

مرهون: لكني ما نسيت أنا دفعت لأبوي بدالك لين ما تعطيني فلوس.. ويومها كلمت زوجتك وقالت لي ريلي بيعطيك.

سمعول: زوجتي.. أي قلبي.

مرهون: أنا هاللعبان ما علي.. تراك تعرفني أنا مرهون واللي فيني..

سمعول: لا تقولي أعرفهم.. وكم تبغي ثمنهم؟

مرهون: حالك إنت بميتين ألف.

سمعول: يا الله القولون والكبد مره وحده.

مرهون: (يخرج الملكية) الأوراق معي.. ومركز الشرطه ما بعيد.. وإن صكرت في ويهي إنت تعرف زياريني.

سمعول: أعرفه لا تقولي.. إنزين عطني مهله لين آخر هالشهر، والفلوس بتكون عندك.

مرهون: خلاص برد الباطنه وخلاف بردلك.

السردار: (صوته من الخارج) يا أرباب سمعول بوتير.

مرهون: مين هذا؟

سمعول: وأنا شدراني.. جنكم متواعدين تون في يوم واحد.

مرهون: أنا ناهي.. مع السلامة.

(يغادر المكان.. يدخل سردار هندي)

السردار:	جناب سمعول باشا.. كش بوتير.
سمعول:	(غاضباً) انطب طبك الله.. سم الرياييل بأساميها.
السردار:	سوري.. جناب سمعول.
سمعول:	(ملتفتاً) منو إنت. وين تبغي مدرعم؟
السردار:	اسمك سردرجي سيجان.
سمعول:	خير شو تبغي.. جانك نسيب راجوه تراني ما بعطيه معاشه لو يبتوا الأمم المتحده بكبرها.
السردار:	لا أرباب أنا عميل دايم لراعي الدكان.
سمعول:	والخيبتين.
السردار:	بالعكس المفروض تقول والفرحتين.
سمعول:	وشحقه عاد؟

(تدخل الأم وهي قادمة من الحجرة)

موزانة:	منو بعد عندك؟
سمعول:	ما أدري منو وين ابيوني.. يقول إنه عميل راعي الدكان.
موزانة:	وخير شو عنده؟
سمعول:	شو عنده غير الخساير.

السردار: أنا ياي في مشروع العمر.. ملعب كريكيت.

الاثنان: كريكيت!

السردار: نعم لعبة كل زمان ومكان.. إنت الحين مب يوم
الجمعه يشوف فرجان متروك نفرات من هندي
وباكستاني؟

سمعول: عدل أشوفهم تارسين البقعه.

السردار: هذا هو مشروع العمر.

موزانة: وضح أكثر.

سمعول: وإنتي شلج كلام ريابيل.. صخي.. تفضل.

السردار: أرض مال دكان هو مال إنت كبير، ونص
الأرض خالي ووسيع لازم يستثمر في مشروع.

موزانة: إنزين سولك ملعب كره قدم.

سمعول: والله فكره.

السردار: ملعب كره قدم ما يجيب فلوس.. لعيب يجيب
أكثر.

سمعول: صدقك ليت عيالي طلعوا لعيبه قدم جان الحين
الفلوس تنزل شرات المطر.

السردار: كله يجي حبه حبه.... يعني أنا بيعطي إنت فلوس مال أجار الأرض وفلوس مب شوي.

موزانة: هي بس هالأرض عزيزه وما بنفرط فيها.

سمعول: جب إنتي جب.. قلت لج لا تتدخلين في أموري.

موزانة: أنا أقوله جذه بالعماله علشان يزيد السعر.

سمعول: دام جذه ما يخالف قولي.

السردار: هاه أرباب شو يقول؟

سمعول: أبغي فيها سعر عالي.

السردار: حاضر.

سمعول: خلاص عيل وأنا موافق.. بس كم بتدفع لي؟

السردار: ثلاثه مليون.

الاثنان: (ينصدمان) هاه!

سمعول: (يمسك قلبه) قلبي.. القولون.. الكبد.. المصارين.

موزانة: صدقك والله.. أنا أحس بعد بالسكري والبنكرياس.

السردار: ليكن الأرض يستاهل أكثر.. يعني حدود عشره مليون.

(يسقط الاثنان معاً)

السردار: ما عليكم عتب.. عيال فقر.

سمعول: قلت عشر آلاف والا ملايين؟!

السردار: ملايين بايا ملايين.. شو يقول؟

سمعول: أنا موافق.. والمطلوب؟

السردار: ليكن أول شي إنت مواطن ولازم يدفع مية ألف.

سمعول: شو مية ألف؟.. مال شو بعد؟!

السردار: مـال إزالـة الـدكان وتعديل الأرض وفلوس
                 تصاريح الموافقه والرسوم مال بلديه.

سمعول: عزراين كل هذا بدفعه!

السردار: ليكن المقابل عشره ملايين.

سمعول: زقوم عليك وعلى البلديه.. ما بدفع ولا فلس.

موزانة: إنت شو تقول.. تخبلت.. الخير يياينك لين عندك
                 وترفضه.

سمعول: يقولج ييغي مال الرسوم من وين لي!

موزانة: من فلوسك اللي ما أدري في اي بنك عاقنهم.

سمعول: أنا خبله أفرط في فلوسي.. شو تبين أمي تقول
                 عني؟

موزانة: أمك ماتت وشبعت موت.. خلنا نتنفس شرات خلق الله.

سمعول: اتنفسي بعيد عن فلوسي.

السردار: ليكن يا أرباب.. شي مقابل شي.. إنت ربحان مب خسران.

سمعول: وأنا مب موافق.

موزانة: بتضيع العشرة ملايين..

سمعول: عنيد وراسي يابس.. خبله أدفعله مية ألف.. لالا.

موزانة: (للسردار) خلاص يا سردار إنت سير الحين.. وهو بيفكر وبيرد عليك.

سمعول: ما أبغي أرد عليه.. اقبض الباب أشوف.

(يغادر البيت منزعجاً وتلحق به موزانة)

موزانة: اصبر ياسردار، وعين من الله خير.

سمعول: خليه يلتعن.. أنا خبله أفرط في فليساتي اللي تعبت لين ما يمعتها!

موزانة: ويمعيتها علشان تدفنها وياك يوم بتموت.. مب حرام اللي تسويه فينا؟!

سمعول:	حرمت عليج عيشتج.
سلامة:	(وهي خارجة من غرفتها) أمي وأبوي.. ترى هاللي تسوونه مب عدل دومكم في ضرابه!
موزانة:	وهالضرابه مني أنا.. من أبوج اللي معيشنا في فقر.
سمعول:	ومنو وين أييب لج.. أسرق.
البنت:	يا بوي الدنيا كلها تدري ان عندك فلوس.. نحن أهلك.. طلعهم وخلنا نعيش.
سمعول:	(يمسك قلبه) أي يا قلبي.
موزانة:	هذا إنـت.. شغل هالأسطوانه (تغادر المكان منزعجة)
سمعول:	بسير آخذ دواي.. وايد أحسن لي.

(نسمع صوت الكلب، ثم طلقة رصاص)

سمعول:	شو هناك؟
راجوه:	(وهو داخل) أرباب هذا فيه نفر يجتل جلب مال سلمان.
سمعول:	جتله.. زين إنه فكنا منه.

(يدخل حسون بوفنون المنتج التلفزيوني)

حسون: أعرفك بنفسي.. حسون أبو فنون أكبر منتج مسلسلات في الشرق الأوسط.. اشتغلولي أكبر الفنانين وأشهر المخرجين والمخرجات الأحياء منهم والأموات.

سمعول: اتشرفنا.. خلاص يا راجوه سير إنت.

راجوه: أخبر بلديه يشيل كلب.

حسون: على فكره الكلب ما مات.. هذا مسدس مخدر دقايق وبيصحى أنا عندي حساسيه من الجلاب علشان جذه الدكتور عطاني هالمسدس.

سمعول: خلاص عيل سير واربطه.

(يغادر راجوه ويجلس حسون)

حسون: مكانك وايد حلو.. من أفضل اللوكيشنات.

سمعول: اخلص الحين إنت شو تبى؟

حسون: أنا عرفت إنك عندك ملايين وتبغي تستثمرها.

سمعول: ملايين وتستثمرها شوه الكلام.. إنت منوه مطرشنك؟

حسون: أنا ياي بنفسي.. صدقني هالأيام أفضل شي

تستثمره هو المسلسلات.. وأنا ريال خبره طويله وبساعدك.

سمعول: والله مسلسلاتكم طايحه في جبدكم.. كلها فساتين وبراطم.

حسون: الله يسلمك هذا على حساب المنتج.. وشوف إنت إذا ربطنا ويا المنتجين كم بدخل!

سمعول: إنزين وإنت شو بتستفيد من هذا كله؟

حسون: أنا ريال ياي أعرض خدماتي عليك واحصل كميشن من هالشي.. وأنا أحب أساعد الناس اللي ما تعرف وين تودي فلوسها.

سمعول: أنا مستغرب إنتوا من وين عَرفتوا عني وعن فلوسي.. حد مخبرنكم؟!

حسون: لا أفا عليك أنا بس..

سمعول: أنا من رايي تسير من هنيه.. والا ترى الجلب المربوط، المره أنا بنفسي بهده عليك.

حسون: عموماً.. بعطيك فرصه أسبوع.. فكر.. المسلسلات تدخل بالملايين.. وأنا أقدر أساعدك فيها (يناوله كرته) هذا كرتي وأتريا اتصالك.. سلام.

(يأخذ سمعول الكرت ويتجه لغرفتـه.. يخرج الباي فيتر من المطبخ وهو يجر مكنسة، ثم يدخل غرفة أخرى.. تخرج الأم والبنت خلفها)

سلامة: وآخرتها يا أمي؟!

موزانة: أنا وحده عيزت.. استنفذت كل الخطط بدون فايده.

سلامة: الوقت يا أمي مب في صالحنا.. الفواتير كل مالها وتزيد.. والبيت خالي.

موزانة: وأنا ذهبي وبعته.. وسلف وتسلفت.. إنتوا كبار.. ودروا دراساتكم وسيروا اشتغلوا أنا وحده عيزت ما عندي.

(يدخل الخال قادماً من الخارج)

الخال: هاه بشروا؟

موزانة: اي بشروا واي حزن... كل المحاولات باءت بالفشل الذريع.

الأخت: خالي شوفلنا حل.

الخال: وترى أبوج راضي بالحلول.. حله بطنه كش بطير.

سمعول: (من الداخل) انطب طبك الله.

الخال: تراني يالس ويا أمج نطبخ هالحلول اللي ما طايعه تنجح في ظل عناد أبوكم.

موزانة: أبوج عنيد.. لا بطايع يتعاون.. ولا يدش مشاريع.. ولا حتى حد يعرف وين حاط فلوسه.

سلامة: وتجوريه؟

موزانة: ما فيه غير الأوراق.

الخال: والله أنا ما أستبعد كلام سلامة.. يمكن خاش الملايين في التجوري.

سلامة: ليش لا.. يوم أندش حجرته ما يخلينا نتقرب من تجوريه.

الأب: (من الداخل) الحقوا علي.. التجوري.. التجوري انسرق.

الجميع: التجوري انسرق!!

الخال: بصراحه.. أختي إنتي شيطانه كيف يتج هالفكره بسرعه؟!

موزانة: أي شيطانه وأي فكره؟

الخال: لايكون إنتي اللي طرشتي حد يشل التجوري!

موزانة:	أنا مالي خص في تجوريه.. خلونا نشوف سالفته.

الأب:	(من الداخل) لحقوا علي.. تجوري انسرق.. آه قلبي.

(تركض البنت مع أمها ويبقى الخال)

الخال:	منو اللي سرق التجوري.. منوه؟

سلوم:	(يدخل من باب البيت) خالي إنت هنيه!

الخال:	الحق على أبوك انسرق تجوريه.

سلوم:	هاه ومنو اللي سرقه؟

الخال:	ما ندري.

سلوم:	عيل أكيد محد غير راجوه.. شفته مع اثنين محملين شي في التكسي.. ويوم سألته قالي هذا سلندر غاز.. اثاريه التجوري.

الخال:	هاه راجوه البشكار.

(يطلق ضحكة.. إظلام)

المشهد الخامس والأخير

(نفس صالة البيت.. يوم أخير في حياة العائلة.. الجميع يروح ويجيء في قلق.. الخال وهو يقف مع أخته.. سلمان يتحدث في الهاتف.. سلمان يتحدث مع عمته مرزوقة.. الأخت تقف وهي تنظر للغرفة، يمر الباي فيتر وهو يتجه للمطبخ وهو يحمل قدراً كبيرة)

موزانة: الله يستر هالمره الطيحه عقته صدق.

الخال: وظنج كم حاط في التجوري؟

موزانة: شدراني.. أكيد مكنزهم كل هالسنين.

مرزوقة: ما أظن حاط الفلوس في التجوري.. أكيد حاطنهم في البنك.

سلوم: أبوي ما يوثق إلا في تجوريه وبس.. نسيت إنه رفض يدفع مال معاملة فتح الحساب العام.

سلمان: (يتحدث في الهاتف) ما أقدر على هالعرس أبوي

بين الحياه والموت.. ما أدري يا خوي الدكتور عنده بنشوف شو يقول.

سلامة: يا جماعه طول الدكتور عند أبوي!

الخال: لايكون قص.

سلامة: فال الله ولا فالك.

(يخرج الدكتور وهو حزين)

الخال: بشر يا دكتور قص.

سلوم: أبوي شو أخباره؟

موزانة: تكلم يا دكتور

(يطل الأب من نافذة صغيرة وهو يراقبهم)

الدكتور: أبوكم يمر في مرحله صعبه وايد.

موزانة: ومتى آخرة هالصعبه؟ ترانا عيزنا.

الدكتور: الصبر (يناول سلامة الروشتة) هذا الدواء.. مع السلامة.

(يغادر المكان.. تتناول سلامة عباءتها وتخرج خلفه)

مرزوقة: وشو آخرتها يعني.. أنا كل يوم والثاني بدق ركبه عندكم!

سلوم: خلهم يزخون راجوه قبل.

سلمان: جان ماوص بمبي الحين.

موزانة: ما أظن بيطوف بالتجوري من المطار.. نسيت إنه ثجيل.

سلوم: أبوي ربع راجوه كلهم في الصناعيه.. باللحام بيفجونه في عشر دقايق وبياخذون اللي فيه.

مرزوقة: عزات طار الورث.

الخال: تراج آذيتينا بهالورث.

مرزوقة: ما فيها شي إن طالبته بورث أبوي.. من يوم أنا صغيره وهو ميودنهم.. عيالي كبروا وهو مجنزنهم على قلبه.

موزانة: مب وقت هالكلام يا مرزوقة.

مرزوقة: إلا وقته ونص.. خلوه يعطيني حلالي وأنا بطلع من حياتكم مره وحده.

سلمان: يا عموه خلينا قبل ناخذ حقنا منه.. وبعدين يصير خير.

موزانة: أبوك عيزنا وياه.. ما خلينا حيله ما سويناها.. بس ماشي فايده.. ما ناوي يموت ويفكنا من أذاه.

| **مرزوقة:** | عافانا الله.. حتى إنتوا أهل بيته تفكرون جذه! |

| **سلمان:** | أنا واحد أبغي أعيش واستانس.. وابوي حارمنا من الملايين.. على الأقل من يموت بنورث. |

| **سلوم:** | صدقك.. بشتري دكان الأجهزه.. وإنت بتنزل ألبومات.. وبنسافر وبنشوف الدنيا. |

| **الخال:** | ترى قالكم الدكتور إنه في مرحله صعبه.. خلوها لين ما تتأزم مرحلته وبروحه بيقص. |

(يخرج الأب من مكانه)

| **سمعول:** | ملعون أبو الفلوس اللي تخلي الأهل تنهش في لحم بعضها. |

| **الجميع:** | هاه.. بوطير حي. |

| **سمعول:** | حي.. لكنه انغش في أهله! |

| **موزانة:** | بخلك هو اللي وصلنا لهالحاله. |

| **سلمان:** | هي نعم جبرتنا نقول جذه. |

| **سمعول:** | علشان جذه بديتوا في التآمر علي.. تتحروني ما أدري.. مرهون والسردار وراعي المسلسلات كلهم إنتي مطرشتنهم لاعبتها لعبه ويا خالج تتحريني ما أدري.. أنا سمعول ما ينقص علي. |

الخال:	حشى مب ريل... طلع رأفت الهجان.
سمعول:	إلا ألعن.. مب إنتوا اللي بتقصون علي بمؤامراتكم هذه.
موزانة:	ويا ليت نفعت وياك هالمؤامرات.
سلمان:	بصراحه يا بوي إنت طلعت ألعن من المخابرات الأمريكيه.
سمعول:	جان اعتمدتوا على نفسكم وكديتوا واشتغلتوا جيه الفلوس أنا ميمعنها من الشارع.
موزانة:	ترى بييك يوم وبتموت وبناخذها.
سمعول:	وليش ما تموتين إنتي قبلي.
سلامة:	بسك يا بوي وخلنا نعيش شرات الناس.
سمعول:	إنتي أحسنهم وتستاهلين.. بس هم ما يستاهلون ليل ونهار يدعون علي بالموت.... وعلى فكره.. أنا اللي هربت التجوري ويا راجوه.
الجميع:	هاه!!
موزانة:	(ترفع له مفتاح التجوري) بس اللي ما تعرفه ان المفتاح عندي.. وراجوه مالك في نص الدرب خطفوه جماعه من طرفي وحطوا التجوري في مكان أمين.

سلمان: حشى مب أمي المخابرات الروسيه.

سمعول: بس نسيت أقولج.. أنا خليت فريق من الأمن يتبعون السياره وهجموا على عصابتج وشلوا عنهم التجوري.. والحين هو في مكان أمين (يضحك عليهم)

سلوم: وهاللي سواه مال أي مخابرات؟!

سلمان: شدراني كل المسلسلات البوليسيه نفذوا على الواقع.

سمعول: وعلى فكره هالدكتور من صوبي.. هو طمني وقالي ان ما فيني إلا العافيه شويه زكام وكحه خفيفه.. وبقوم شـرات الحصان.. يعني بتم لكم شرات العظم في بلعوكم.. وفلس حمر ما بتشوفونه مني.. موتوا بغيظكم.

(موسـيقى مضحكة يسـقط على إثرها الجميع.. إظلام.. النهاية)

سلطان زمانه

مسرحية

الشخصيات

1 – سلطان: ويكنى بسلطان وغوانات وهو في الستينيات، مطرب شعبي قديم لا يزال يعيش في الماضي.

2 – وديمة: زوجة سلطان في الأربعينيات، حائرة بين الحاضر والماضي والمستقبل.

3 – غانم: الابن الوحيد لسلطان، يهـوى الغناء الحديث، ويهوى العزف على الجيتار.

4 – أمـل: ابنة سلطان، وهـي دلوعـة العائلة ومهتمة بوسـائل الاتصال الإلكتروني.

5 – خلفون الزاله: شقيق سلطان وكنّي بالزاله كونه معظم وقته سكيراً، وهو خفيف دم وعصبي.

6 – عبدالله: زوج أمل، ذو شخصية ضعيفة.

7 – بوعبدالله غـوازي: صهر سلطـان.. رجل طمعـان في بيت سلطان لهدف في نفسه.

8 – جوهرة: زوجة بوعبدالله.

9 – مها: صديقة أمل، وفي عمرها.

10 – خبير1: هو خبير آثار.

11 – خبير2: خبير آثار.

12 – بدور: هو صديق غانم في الفرقة.

13 – عدلي: صديق غانم في الفرقة.

14 – مساعد الخبراء.

الفصل الأول

المشهد الأول

(صالـة بيت سـلطان وقد تحولـت إلى صالة عـرس كل من أمل وعبدالله.. كوشة متواضعة وسـط المسرح جلس عليها عبدالله وأمل، وبجانبهـا وديمة ومها وسـيدة أخرى تمثل أم عبدالله، بينما وقف أبو عبدالله جانباً متضايقاً مما يجري.. وعلى يمين المسرح فرقة يتوسطها الأب سلطان بعوده وآلاته القديمة، وفي الجهة المقابلة فرقة غانم ذات الآلات الغربيـة.. وفي الوسـط جلس الجمهور وهـو ينظر هنا تارة، وتارة أخرى للجهة الأخرى.. أغانٍ من الجهتين.. من جهة الأب أغانٍ قديمة هو يشـدو بها.. بينما غانم وفرقته يرد عليه.. في نهاية المطاف يترك بدور آلته ويتجه للأب ويمسكه من دشداشته بقوة).

بدور: إنت وبعدين وياك.. بتخلينا نغني والا كيف؟

سلطان: ما بخليك، بغني مثل ما إنتوا تغنون كيفي من زين أغانيكم.

عدلي: والا عاد أغانيك.. اسمع لا تعاند أحسن لك.

سلطان: بعاند.. شو في راسكم.

بدور: لا عاد السالفه امبسبول..

عدلي: خل غونمي يتصرف وياه.

غانم: (متدخلاً) أبوي أنصحك تنسحب.. ترى بدور هذا راعي سجاجين، وعدلي داش الحبس خمس مرات.. اختار.

سلطان: وانا ريال صايع ومال أول، وما يهمني لا سجين ولا حبس.

بدور: غنـوم.. تبغيني أزقـر له جماتك وعلي كوه يتفاهمون وياه والا.

عدلي: والا شو رايك عدول بولجلاب يخلص عليه؟

غانم: هدي صديقي.. هدي... ذس از ماي فاذر.

عدلي: آي نو.. لكنه مصخها وأغانيه ما تودي.

غانم: خلوني أتفاهم وياه.. بدور خذ الشباب وطلعوا استراحه.

بدور: أوكي.

عدلي: علشان خاطرك غونمي.

غانم: أوكي عدلي (يذهب لأبيه مهدداً) اسمع فاذر.. لا تخلي العلاقه المتينه اللي بيننا توصل لطريق مسدود.

سلطان: أفا.. علشان أغاني تبيع أبوك!!

غانم: هذا منصب هذه مكانه.. وانا أقول اقصر الشر، واليوم عرس بنتك لا تخلينا نقلبه ميتم.

سلطان: غنوم أنا راعي الحفل وراعي البيت وصاحب الذوق، ومن حقي أغني كيفي.

(تلاحظ الأم ما يجري بينهما، فتقترب منهما)

غانم: سلطان بليز ما في داعي.

سلطان: غنوم خذ فرقتك وفارجوا من بيتي بالزين.

غانم: سلطان ما في داعي نخسر بعضنا لم أغراضك وفكنا.

(تتدخل الأم لفك الشجار)

وديمة: إنتوا إشبلاكم دومكم نجيره ماجنك أبوه ولا جنه ولدك!!

غانم: نحن اثنين من زمنين غير.

سلطان: نعم وأنا أعتز بزماني من زين زمانك عاد.

غانم:	لا تعيب على زماني فاذر.

وديمة:	خلاص شلو من بالكم هالسوالف ولا تخربون عرس البنت، ما صدقنا ياها نصيبها.

سلطان:	قلت لج مب موافق على هالعرس، وفوق هذا وافقت، والحين يوم حصلت جمهور يسمعني اييني ولدج ويخرب اللي بنيته.

وديمة:	اعقل يا سلطان ولا تخرب العرس.. ودر هالأغاني وجابل نسيبك.

سلطان:	ما أدانيه.. تم يراكض ليل ونهار على أرضي هذه وماسده يوم بنيت البيت بغى يشتريه مني.

وديمة:	وشحقه كل هذا عاد؟!

سلطان:	يقول إنها أرض يدوده وفيها ريحة أهله.. لكنها زقوم عليه.

وديمة:	هاذوه إنزين خذ بنتك.. سير جابله سير.

(يتجه سلطان لبو عبدالله، بينما تتوجه الأم ناحية أم عبدالله.. عبدالله يقترب أكثر من أمل المتضايقة)

أمل:	إشفيك يالس جذه، مب ناقص إلا تيلس في حضني!!

عبدالله: هاه.. يا ليت والله.

أمل: استحي على ويهك عيب.

عبدالله: إن شاء الله.

جوهرة: (متدخلة) خفي على ولدي يا بنت، لا تكلمينه جذه.

أمل: إنتي خلج في حالج.. أنا حرمته.

جوهرة: هذا من أولها جذه!!.. عفانا الله.. (لابنها) أنا قايله لبوك هالأشكال مب ويه عرس.

أمل: (غاضبة تجر زوجها) بتسكت أمك والا أكنسل هالعرس.

عبدالله: أمي بليز.. لا تخربين على أبوي.

أمل: (مستغربة) شوه أبوك.. وأبوك شو يخصه؟!

عبدالله: (يستدرك) هاه.. تراه هو اللي زوجني شفيج.

أمل: عيل قول لأمك مالها شغل فينا.

عبدالله: إن شاء الله (يلتفت لأمه) أمي مالج شغل فينا.

جوهرة: مالت عليك من ولد.. ودرت بنات العز ولصقت في النتفه لا أصل ولا فصل.

أمل:	قولها ما في داعي.

عبدالله:	(يلتفت لأمه) أمي ما في داعي.

أمل:	(تجر عبدالله نحوها) قول حق أمك لا تدّخل في حياتنا.

عبدالله:	إن شاء الله.. أمي بليز.. لا تدخلين في حياتنا.

	(تغضب الأم وتذهـب إلى ناحية أخرى.. تقترب مها منهما مهنئة)

مها:	ألف مبروك.

أمل:	الله يبارك فيج.

مها:	مبروك يا عريس.

عبدالله:	أرد عليها؟

أمل:	عادي.. صديقتي.. رد.

عبدالله:	الله يبارك فيج.

مها:	يللا عيل شدوا حيلكم وهاتولنا ولد صغير ألعب وياه.

عبدالله:	ولد ليش ومتى؟

	(نقلة للأب سلطان ومعه ضيفه بو عبدالله)

بوعبدالله:	شو نوع البخور اللي حاطينه؟

سلطان:	شدراني.

بوعبدالله:	ريحته مب حلوه.. تلوع الجبد.

سلطان:	إنت أصلاً من دخلت وجبدك لايعه.

بوعبدالله:	(متداركاً) أنا شكلي جذه يا سلطان.. ما يعجبني العجب.. تراني ما نسيت سالفه البيت، أنا عند وعدي بزيد لك المبلغ وبوصله مليونين.

سلطان:	(متضايقاً) لا حول ولا قوة إلا بالله، ردينا على طير يلي.

بوعبدالله:	اليوم نحن صرنا نسايب، يعني لازم نفكر في مستقبل عيالنا.. وأنا بنفسي بخليهم يعطونك مكان ثاني بس استراتيجي ميه في الميه، لا ويرد الروح.

سلطان:	إنت ليش مصر على فيلتها هذا شو فيها.. لا يكون فيها كنز وأنا ما أدري!!

بوعبدالله:	(وكأنه أحس بأنه انكشف) كنز.. ومنوه قالك؟

سلطان:	إصرارك الزايد وتعلقك في البيت.

بوعبدالله:	ال.. الكنز هو في ريحة أهلي اللي ساكنه كل زوايا هالمكان.

سلطان: ودّر عنك هالأفـلام.. قلت لك وبقولك بيع ما ببيع لو حطيت مال قارون كله.

(يدخـل خلفـون من الخـارج وهو يتشـاجر مع أحدهم.. والجميـع ينــظر باتجاه الباب إلى أن يدخل)

خلفون: سود الله ويوهكم.. هذا عرس.. عرس يستوي في هالبيت، وأنا ما أقص شريطه.. بس الحياء طاح من ويهكم.

سلطان: (مرتبكاً) خلفون.. أنا..

خلفون: إنت تنجب وتسكت يا جليل الحيا.. تحط إيدك بإيد هالخاين.

سلطان: ترى السالفه كلها على سنة الله ورسوله.

بوعبدالله: منوه هذا بعد.

خلفون: أنا راعي هالمكان.. أخو سلطان، خلفون ولد بن خلفون.

بوعبدالله: وشحقه تتهمني بالخيانه؟!!

خلفون: لان سلطون دومه يتشكاك جدامي يقول تبغي بيته.. إنت ما تستحي عندك ستين ألف بيت ما تشبع!!

بو عبدالله:	هذا موضوع..

سلطان:	هذا مب موضوعنا يا خلفون، لا تخرب عرس البنت.

خلفون:	ما بخربه بس لازم بعد تعطوني مساحه للإبداع أبغي أظهر مواهبي المكنونه.

سلطان:	اظهر.

(يبدأ خلفون بالغناء.. بينما ينزعج بدور من غنائه، ويحاول أن يتدخل لتخريب الأغنية، ولكن غنوم يمنعه، ثم يبدأ الشجار، حيث نشاهد بدور يخرج عدة الشجار ويبادله خلفون ذلك، ويبدأ جميع المعازيم في الهروب، والبعض الآخر يحاول أن يفك الشجار.. إظلام)

المشهد الثاني

(نفس صالة بيت سـلطان.. صباحية يوم العرس.. وديمة وجوهرة قادمتان من إحدى الغرف)

جوهرة: اسمعي يا وديمة.. أنا ولدي ما ياكل «حياله» شي.. لا.. له أكلات مخصصه وبقياس بعد.

وديمة: (منزعجة) إنزين وبعدين؟

جوهرة: ولا قبلين.. توصوا في ولدي عـدل.. قومته.. سبوحه.. لبسه.. وعلمي بنتج بعد إنها تسحي شعره زين اما زين.

وديمة: ما تبغيني أليفه بالصابون السائل بعد.

جوهرة: يكون أحسن بس مب اي سايل.. لازم يكون معطر.

وديمة: كملي يا بنت أوناسيس.

جوهرة: وعلى فكره، بشكارته الخاصه بيبيها هنيه.

وديمة: نعم هنيه!!

جوهرة: لكن لازم نبني لها فوق الفيلا ملحق صغير.

وديمة: بعد وهي ناقصه.

جوهرة: لا تحاتين فلوس البنا ومعاشها علينا.

وديمة: وشحقه كل هذا أبوي ولدج يكمل هاليومين ويدور له مكان.

جوهرة: لالا.. مكانكم هذا ما بنتحرك منه.

وديمة: ليش أبوي لا يكون فيه بترول.

جوهرة: لا حبيبتي.. المكان استراتيجي بوعبدالله يقول.

وديمة: شو بعد استراتيجي.. إنتي الحين فكينا من العيال وطوفي وديني محلج اليديد في المول.

جوهرة: يا شين عيال الفقر يوم يتلصقون ويا شينهم أكثر يوم تعطيهم ريج حلو.

وديمة: أفا عليج يا جوهرة الجواهر.. إنتي الحين نسيبتي ويحتاي نتجرب من بعضنا.

جوهرة: (متذمرة) طوفي طوفي هاتي عباتج والا أقولج عندي عباه زياده في خزنه السياره.

وديمة: 		يزاج الله خير.. يللا عيل تفضلي.

(تشــير لهـا بأن تتقـدم، ثم تقـرر جوهرة أن تتقدم بمشـية كالطاووس.. يدخــل من الجهة الأخرى بوعبدالله وابنــه المعرس الــذي يتلفــت خلفــه خائفاً)

عبدالله: 	أبوي الله يهداك ما يصير إنت وأمي مداومين عندنا في ليل عرسنا.

بوعبدالله: 	وأنا معرسنك علشان تتنهى بعرسك.. نسيت المهمه السريه اللي ياي علشانها.

عبدالله: 	أبـوي ما يصير ذبحتني بهالمهمه.. صدقني ما نسيت.. أدري ان هالبيت يهمك حفظت الأسطوانه.

بوعبدالله: 	كل ركن في هالبيت فيه ريحة يدودك يا الخديه.

عبدالله: 	أنا أول مره أشوف أبو متعلق بريحة أهله كثرك!!

بوعبدالله: 	يا الغشيم يدك مخلي في هالمكان كنز ما ينعد.

عبدالله: 	أدري، وأبو أبوك العاشر وصاك بإنك تدير بالك على هالمكان.. إنزين يوم هالمكان في الأصل هو مكانكم أو أرضكم ليش فرطتوا فيها؟!

بوعبدالله:	ترى يدي الثاني عشر كان قمار وخسر وباع الأرض وما عليها، وما قدروا يدودك الثانيين يرجعونها.

عبدالله:	والحين أنا بستوي لكم صلاح الدين وبرجعها!!

بوعبدالله:	يا عبدالله يدك خاش صندوق فيـه عقد جيمته ملايين الملايين من يوم الحرب العالميه الأولى.. يقولون مال هتلر. (يمر في هذه الأثناء غنوم.. فينتبه لهما)

عبدالله:	حيا الله النسيب.

غانم:	هلا بريل أختي وأبـوه.. أقول عمي عسى بس الفرقه عيبتك؟

بوعبدالله:	أي فرقه؟

غانم:	فرقتي اللي دقت في عرس ولدك.. ما شفتني على الجيتار؟!

بوعبدالله:	هيه هيه.. حلوه حلوه.

غانم:	تراني عزيف جيتار على كيف كيفك حاضرين للسمرات آخر الليل.

بوعبدالله:	شو سمرات بعد؟

غانم: علينا عمي.. نسيت الخميس اللي طـاف في شاليهات الفجيره؟

عبدالله: شو السالفه الوالد؟

بوعبدالله: (يمسك عبدالله ويجره إلى الأمام) سير إنت الحين عند حرمتك لا تتأخر عليها.. بس لا تنسى حاول تظهرها وتوديها شهر العسل أربع خمس أيام.

عبدالله: وأهل البيت؟

بوعبدالله: خلهم علي.. سير الحين. (يذهب عبدالله لغرفته.. يقترب بوعبدالله من غانم)

بوعبدالله: عاد يا النسيب إنت ما في داعي تطري هالسالفه جدام حد من أهل البيت.

غانم: أكيد أكيد سرك في بير.. بس إنت بعد لا تنكر اللي شفته.. ثنتين يا الظالم شابكنهم ونحن وحده ما عندنا!!

بوعبدالله: خل هالموضـوع سر بيني وبينك.. ويـود.. (يخرج له من جيبه مبلغاً من المــال) تفضل خل هالفلوس لك.. وأبغيك اليوم تجهز الفرقه عندي لك حفله خمسة أيام في الفجيره وبالسعر اللي تبغيه.

غانم: 	جذه إنت نسيب عدل.. حاضرين.

بوعبدالله: 	وبالسعر اللي تبغيه.

غانم: 	حاضر يا أحلى نسيب.

(يغادر المكان وسط تذمر بوعبدالله منه)

بوعبدالله: 	زول علك ما ترد (يتناول الهاتف ويتصل) ألو.. زياد طلع لي حفله من تحت الأرض، أو سولك حفله في شاليهاتنا في الفجيره، وبخلي غانم ولد نسيبي يتصل فيك وليش.. مالك شغل بخبرك في وقتها مع السلامه (يقفل الخط) بجذه بفتك من البنت والولد والحرمه عند حرمتي وباقي الأبو وعقبها بيصفى هالبيت لي وبقدر أنفذ مهمتي.. الله ويطلع كلامك عدل واحصل صندوق العمر.

سلطان: 	(وهو داخل) شو صندوقه هذا اللي تتترياه يا بوعبدالله!!

بوعبدالله: 	سلطان إنت من متى هنيه؟!

سلطان: 	لحقت عليك يوم قلت صندوق العمر.. أنا سمعت عن صندوق الإنماء وصندوق الزكاه، بس أول مره أسمع عن صندوق العمر!!

بوعبدالله: 	هذا سلمك الله صندوق.. صندوق يديد عموماً

أنا مسوي حفله كبيره في شاليهاتي في الفجيره،
وحاب تكون وياي في السفره.

| سلطان: | وأخلي حرمتي وعيالي.. مستحيل. |

بوعبدالله: ولدك معزوم وعبدالله بياخذ حرمته وبيسافر،
وحرمتك تراها ويا حرمتي خلهم يرتاحون،
وخلنا أنا وإنت بعد نرتاح.

سلطان: هي والله أنا بعد أبغي أرتاح وأغير جو.

(يخرج خلفون من الداخل)

خلفون: وأنا بتخلوني حق منوه؟

سلطان: وإنت من وين طلعت؟!

خلفون: من وين بعد من غرفه ولدك هاللي ما أدانيه
بعيش الله.

بوعبدالله: أنا بترياك تمر علي العصر في الفيلا وبنرتب
أمورنا الباقيه فمان الله.

خلفون: اصبر هنيه، مب صرت نسيبه وبسوون لي طاف
وين بزرون.

سلطان: وإنت شلك نسيب وعازم نسيبه.

خلفون: عجيب.. الحين استوى نسيبك.. مب هذا اللي دومك تطنز عليه وتعق عليه وتقول عنه بالروان.

بوعبدالله: أنا؟!

سلطان: ما عليك يسوي سوالف.. خلفون يوز عاد عن هالسوالف.

خلفون: عيل، جان تباني أسكت ودوني وياكم.

سلطان: هي بس هذه عزيمه خاصه.

خلفون: أخـوك وريلي على ريلك.. وبعدين عزيمه الكباريه كل شي فيها وأنا راعي هوس.

سلطان: أسميك فضيحه (لنسيبه) أقول بوعبدالله فيها شي إذا أخوي يا ويانا؟

بوعبدالله: هاه.. بالعكس بيفكنا من حشرته.

خلفون: شو قلت؟

بوعبدالله: قلت حياك الله.. يلا مع السلامه.

سلطان: حياك يا النسيب.

خلفون: اشباه قلبك.. كان متروس عليه شلي خلاه يلين؟!

سلطان: ترانا خلاص صرنا نسايب.

خلفون: نسايب.. زين ما وصلك المحاكم وسجنك.

سلطان: الله يسامحه.. بعدين مب منه من يدوده.. بعدين
            يوم بتجرب منه يمكن يحقق حلمي ويخليني أغني
            على سيديات.

خلفون: إنت غوانات وايد عليك.. هالمره سيديات (يغادر
            الصالة)

سلطان: اصبر، وين ساير؟

خلفون: ساير آكلي شي.. قال سيديات.. هيه ما أدري
            منوه في زمانك تتحرى نفسك عيسى فون.
            (موسيقى.. إظلام)

المشهد الثالث

(صالــة بيت ســلطان.. الزمان مســاء ســاهر.. مهــا صديقة أمل تردد أغنية جميلة، وهي تتمشــى في الصالــة في انتظار أمل.. يظهر على إثر الأغنية غانم قادماً من غرفته مأسوراً بالأغنية.. بينما نرى العــم خلفون يظهر من المطبخ وهو حامل قــدراً.. دون أن تدرك مها بوجودهم إلى نهاية الأغنية، تنتبه لهم فتفزع.. يقترب خلفون من غنوم مهدداً بملاس الأكل)

خلفون:	هذه مالي.
غانم:	لا مالي أنا؛ لاني حصلتها قبلك.
خلفون:	غنوم اطلع منها بالزين.
غانم:	خلفون إنت اطلع منها والا..
خلفون:	والا شو؟
غانم:	والا الدم لين الركب.

خلفون: أفا وعلشان بنية بتجتل عمك؟!

غانم: وبجتل عشره من أشكالك.

مها: بسكم عاد، شو اللي تسوونه، مب عيب!!

خلفون: عيب.. وهذا يعرف العيب.

غانم: الحين أنا اللي ما أعرف العيب!!

(تخرج أمل من غرفتها، وتنظر للحدث)

أمل: خلكم مكانكم (تخرج كاميرا تليفونها وتصور) الله أكشن.

مها: لحقي علي يا أمل.. هالاثنين يتحرشون فيني.

خلفون: غير الله إبليسج مدانا نتحرش فيج.

غانم: هي والله عمي طلعت مكاره.

أمل: غنوم عمي خلفون لو سمحتوا ممكن تتركونا بروحنا.

غانم: يعني نروح؟

أمل: لو سمحتوا.

خلفون: يعني جذه من دون طرده نطلع؟

أمل: ممكن عمي.

خلفون: أكيد ممكن.

أمل: كيوت (تصوره بالهاتف)

غانم: بس أقول أمول.. صديقتج طر.

خلفون: تراني عزابي إذا فكرتي بشيبه حاضرين.

غانم: بدور الشباب وبتاخذ إنت يا الشايب يا العايب.

خلفون: أنا خبره يا التعبان.

مها: ارتاحوا ولد عمي خاطبني والملجه بعد أسبوعين.

الاثنان: هاه!!

خلفون: قلبي.

أمل: زين لكم الحين.. يا الله يا مها يا تعالي حجرتي.

مها: عيل ريلج وينه؟

أمل: سار يخلص الحجز ويا أبـوه بنسير البحرين أسبوع وبنرد.

مها: مع السلامه.

الاثنان: الله وياج.

(يغادران المكان.. يبقى كل من غانم وخلفون)

غانم: بروح أجهز العده وايد أبرك لي.

خلفون: تعال أنا قايل لابوك بسير وياهم الفجيره، ونسيت اللي بيشتري مزرعتي في الخوانيج. (يخرج مسرعاً.. يبقى غانم)

غانم: شو سالفه الفجيره.. أشوف الكل بيسير الفجيره!!

وديمة: (وهي قادمة من غرفتها) إشبلاك تتحرطم؟

غانم: أنا.. لا لا كنت أكلم عمي.. بيسير الفجيره!

وديمة: بيسير ويا أبوك ونسيبه.. وأنا سايره ويا حرمته العين.

غانم: والبيت منوه بيحرسه؟

وديمة: هذه ما فاتننا سلطان قال حراس بوعبدالله الخاصين بيحرسونه.

غانم: معلوم تراهم بيحمونه من الكنوز الدفينه اللي فيه.

وديمة: وإنت على وين العزم؟

غانم: الله من متى ما سألتيني هالسؤال؟!

وديمة: تراني أمك ومن حقي أسألك.. رد.

غانم: أنا عندي حفله في الفجيره.. بس غريبه عمرها ما صارت.

وديمة: شو اللي غريبه؟

غانم: أول مره نطلع من البيت وفي وقت واحد.

وديمة: مادام هناك حراس لا بالله بنطلع وبنستانس.

غانم: معلوم نسيب يديد ومريش.

وديمة: والا حرمته يا غنوم شي خرافي كل شي عندها!!

غانم: عيل، إنجوي مامي إن يور تايم.

وديمة: شو بعد إنجوي؟

غانم: يعني استمتعي بقوتج.

وديمة: إذا بغيت شي سولي تليفون.. باي.

غانم: باي.

(يغادر المكان.. إظلام.. موسيقى)

المشهد الرابع

(صالة بيت سلطان.. الزمان: الفجر.. الهدوء يسود البيت موسيقى بوليسية، يدخل على إثرها الخبيران ومعهما مساعدهما، والجميع يحمل مصابيح تكشف أجزاء من المكان حتى تستقر في وجوههم بعد أن ينزعوا الأقنعة)

الخبير الأول: وصلنا.. هذا هو المكان.

الخبير الثاني: هي نعم نفس المكان اللي في الخريطه.

الخبير الأول: نبدأ المهمه.

الخبير الثاني: لازم ندور على حرف الإكس.

المساعد: عمي.. احفر.

الخبير الأول: إنت كل تبن حتى نعطيك الإشاره.

المساعد: إن شاء الله بتريا التبن أقصد الإشاره.

(موسـيقى بوليسـية وهـم يقلبـون الكراسـي
والأشجار.. ويرمـون كل ما بطريقهم)

الخبير الأول: وين تعتقد مكان الكنز؟

الخبير الثاني: (يرفع جهازه باتجاه نقطة معينة) الجهاز يشير لهالمكان، بس مب مبين.

المساعد: ابينه عمي بالحفر.

الخبير الأول: إنت انطب واسكت.. بوعبدالله يقول يدّه الأكبر دافن الصندوق في هالمكان، والإحداثيات كلها تشير له، لكن ليش ما يبين!!

المساعد: الجهاز خربان عمي.. خلني أبينه بالحفر أحسن.

(يطلـق الخبيـر الثاني من مسدسـه طلقة فتردي المساعد أرضاً)

الخبير الأول: ليش جتلته؟

الخبير الثاني: هذا منوم.. أذاني ما خلاني أركز.. إنت دور وإنت ساكت لا تلحقه.

الخبير الأول: إن شاء الله.

(يعـودان للبحث.. يدخل في هـذه الأثناء خلفون فيتفاجأ بهـم، ويختبئ خلف إحدى الزوايا بعد أن يتناول أداة للحفر)

الخبير الأول: بس.. هذا هو المكان.

الخبير الثاني: وشو نتريا نحفر.

الخبير الأول: هذا وقته.

خلفون: (يظهر لهم) وقته يا الحراميه.

الخبير الثاني: هاه إنت منوه؟

الخبير الأول: قالوا البيت خالي وأمان!

خلفون: البيت خالي إلا من خلفون.

(يضرب الأول فيسقط، ثـم يضرب الثانـي فيسقط.. موسيقى تعلن نهاية الفصل الأول)

الفصل الثاني

المشهد الأول

(بيـت سـلطان.. صبـاح يـوم جديـد.. خلـدون مقيـداً الخبيرين ومساعدهما من أيديهم وأفواههم، وهو يلف عليهم مهدداً)

خلفون: السكوت ما بيفيدكم اتكلموا إنتوا لأي منظمه تنتمون، وشو مصلحتكم من غزو هالبيت؟

الخبير الأول: (محـاولاً التكلم وشـرح الموضوع، لكنه لا يستطيع)

خلفون: إنت شو تقول تكلم عدل.

(الخبير الأول يشـير له بفـك اللزقة.. يقترب منه خلفون وينزع اللزقة)

خلفون: اتكلم واختصر.

الخبير الأول: قلنالك نحن خبراء في التنقيب.. وبوعبدالله مطرشنا نبحث عن كنز يدّه.

خلفون: الحين تبغي تقنعني بان سالفه الكنز هذه حقيقيه؟

الخبير الثاني: (يحاول التحدث دون فائدة)

خلفون: شو يقول بعد هذا؟

الخبير الأول: يقول خوز اللزقه.

خلفون: (يقترب منه ويفك اللزقة) اخلص وقول.

الخبير الثاني: أبغي أسير الحمام.

خلفون: ماشي حمام قبل ما تعترفون.. أنا سالفه الكنز مب داشه مخي.. شوفوا تبغوني أفج قيدكم وأصفح عنكم بصفح، لكن على شرط أبغي ديتكم.

الخبير الأول: ليش ناوي تجتلنا؟

خلفون: لا لا ديه اللي فلوس.

الخبير الثاني: قصدك فديه.. خلاص عطنا تليفونك بنتصل في زعيمنا.

خلفون: (يناوله الهاتف) تحمل تشرد.

الخبير الثاني: آلو بوعبدالله الحق علينا.. لا لا واحد اسمه لو سمحت الاسم الكريم.

خلفون: اسمي خلفون الزاله.

الخبير الثاني: خلفون الزاله.. كيف لا عمي زخنا ومهددنا يبغي فديه والا بيسلمنا الشرطه.. إن شاء الله مع السلامه.

خلفون: (يتناول عنه الهاتف) شو قالك وليش صكر؟

الخبير الأول: يفكر في الفديه.

خلفون: اسمعوني إذا ما يابلي اللي اسمها الديه كل ساعه بقص راس حد.. هيه ما عندي ياما ارحميني.

المساعد: (يشير إلى بطنه)

الخبير الأول: يبغي يسير الحمام.

خلفون: شوف يخليكم إنتوا الثنين تسيرون بس إذا تأخرتوا بجتل ثالثكم مفهوم.

الخبير الأول: إن شاء الله.

(يفك قيد الاثنين، ثم يذهبان)

الخبير الثاني: سامحنا.

خلفون: الحراميه أمثالكم محد يسامحهم.. تسكت وتنطب.

الخبير الأول: إنزين نوعدك إذا حصلنا الكنز بنعطيك نصه.

خلفون: هذا إذا طلع كنز أصلاً.

الخبير الأول:	صدقني إنه كنز والوثايق التاريخيه تأكد إنّ يدّ بوغوازي الأكبر كان ملك من ملوك الفراعنه.
خلفون:	خيبه طلع فرعوني.
الخبير الأول:	هي نعم، وإذا ما تصدقني الكتب والخريطه عندك هناك في الشنطه شوفهم وتأكد بنفسك.
خلفون:	وأنا شعرّفني بالقرايه، ومع هذا بشوفهم.

(يتجه للشـنطة ويخـرج منها الخريطـة، ويعود الاثنان)

الخبير الثاني:	خلاص قضينا حاجتنا.
خلفون:	عيل يلسوا واربطوا نفسكم.
الخبير الأول:	الحين دوري للحمام.
خلفون:	سير بس تحمل تلعب بذيلك، ترى إذا تأخرت أكثر من خمس دقايق بقتل ربعك.
الخبير الأول:	بس بطني وايد يعورني.
خلفون:	خلاص سير.

(يشـاهد الخريطة مع موسـيقى مناسبة، ثم يعود الخبيــر الأول ويقيد نفسـه، بينمـا خلفون يحاول فحص المكان من جديد.. موسيقى.. إظلام)

المشهد الثاني

(صالة بيت سلطان في يوم جديد.. سلطان وخلفه زوجتـه وابنته)

سلطان: كيف تبغوني أفهمكم.. تراني أقولكم خلفون زخهم بالجرم المشهود.. ويوم وصلنا ما شفناهم.

وديمة: كيف ما شفتوهم جيكتوا على الحجر سرقوا شي والا شيات.

أمل: هيه أبوي أنا عندي عقدين الماس.

سلطان: وإنتوا دورتوا حجركم.

وديمة: لا خفنا الحراميه بعدهم في البيت.

سلطان: أنا اللي مستغرب منه خلفون.. شكثر أذاني بالتليفونات يقولي الحراميه ملبقين الليتات وتم يراقبهم ويطالبون.

وديمة: إنزين ليش ما عطى الشرطه الأوصاف؟!

أمل: أمي لايكون خطفوا عمي.

سلطان: هي والله يمكن بعد.. بس تدرون بيفكونا من أذيته.

وديمة: حرام تقول عن أخوج جذه.

(يدخل غانم مسرعاً)

غانم: سلامات لايكون سرقوا عدة الفرقه.

سلطان: وهذ اللي يهمك.

غانم: هي نعم هذا اللي يهمني.. والا هالبيت الكحيان
               شو يهمني.

وديمة: من جذه كل واحد فيكم في وادي، وعاقيني أنا في
               نصكم.

سلطان: إنتي ما عليج قاصر.. تلصقتي بحرمه بوعبدالله
               ومب مقصره فيج.

وديمة: وإنت شو دراك؟

سلطان: أدري إنها اهدتج عقد وكمن فستان.

وديمة: منوه هالمخشله اللي طلع الفضايح؟

سلطان: ريلها.

وديمة: شو ريلها؟

أمل: الظاهر الموضوع استوى عايلي.. غنوم ما تراوالك عبدالله.

غانم: أنا لاهي مع ربعي وريلج ما يتنزل ايي عندنا سلام.

(يتجه لغرفته.. بينما أمل تخرج لجهة غرفتها.. يبقى سلطان ووديمة)

وديمة: ما لازم هالسوالف تطلعها جدام عيالك.

سلطان: والله إنتي اللي بديتي قبل.

(يدخل في هذه الأثناء خلفون)

خلفون: هود هود.

سلطان: عقب شوه عقب ما وصلت نص الصاله.. وإنت يا مسود الويه شو اللي سويته؟

خلفون: لحظه اشوي.. ممكن أختي تخليني ويا ريلج في كلمه راس.

وديمة: بسير أجابل صديقتي وايد أبرك من هالشيفه.

خلفون: من زين شيفتج.

وديمة: قلت شي يا خلفون.

خلفون: أنا قلت.. ريلج اللي يالس يحش.

سلطان: أنا.. سيري سيري عند ربيعتج (تغادر مسرعة) وإنت شفيك.. مب تقولي زاخ العصابه اللي يايه تسرق شو اللي صار؟

خلفون: اللي صار إنهم طلعوا حرس بوعبدالله اللي يايبنهم يحرسون البيت.

سلطان: تعال نسيت وكيف فاتتني هذه.. بس حراسه شو يسوون في الصاله؟!

خلفون: هاه.. لا بد حد منهم بغى يسير الحمام.

سلطان: جايز.. بس في حمام خارجي.

خلفون: ما أدري ما أدري لا تسويها سالفه الحين.. وخلنا في شغلنا.

سلطان: ومن متى بيني وبينك شغل؟

خلفون: من اليوم.

سلطان: قول وخبرني يا راعي المشاريع.

(إظلام.. موسيقى)

المشهد الثالث

(موسيقى مناسبة ترافق جلوس عبدالله وأمل في وسط الصالة)

أمل: ما أدري أحس بك ما تحبني.

عبدالله: ويهمج هالشي؟

أمل: ليش ما يهمني مب المفروض بستوي أم عيالك؟

عبدالله: ما أدري.

أمل: شو اللي ما أدري.. شهر من تزوجنا ولا قلتلي كلمه حلوه!!

عبدالله: ولا يهمج كلمه حلوه ارتحتي؟

أمل: أف بتجلطني على هالغباء.. المهم متى بنطلع من بيتنا؟

عبدالله: أبوي قال ماشي طلعه لين ما نحصل الكنز.

أمل: شو كنزه بعد؟

عبدالله: أنا قلت كنز.. أقصد لين ما نسوي زرب للعنز.

أمل: عبدالله شو السالفه؟

عبدالله: إنتي اللي شو السالفه؟ أبوي قال بيبني لنا حجره عوده مكان كراجكم.

أمل: وليش عاد.. أصلاً نتم هنيه.

عبدالله: أبوي يبغي جذه.

أمل: وأنا متزوجتنك والا متزوجه أبوك.. أنا أبغي اطلع من البيت.

عبدالله: أمل أبوي تاريخياً هالبيت يمثل له مرجع تاريخي لأجداده، وما يبغي يفرط فيه فهمتي.

(يغادر الصالة نحو غرفته)

أمل: أوقف واسمعني، جذه ما يصير، لازم تكون لنا خصوصيتنا عبدالله. (تلحق به.. يدخل غانم ومعه صديقاه بدر وعدلي)

عدلي: إنت شحقه يابينا هنيه؟

غانم: وأغراض الفرقه يدتي بتشلهم وبتحطهم في البيك أب.

بدر:	وحد قالك نحن بتان.

عدلي:	اسمع غنوم نحن بنرد نترياك في السياره.. اتصل في آل بخش خله يحملهم واعطه المقسوم.

غانم:	فلوس البيك والعمال يعني ألف وخمسميه على الأقل إنتوا استفيدوا منها.

بدر:	عدل كلامك.. الا وين بنتدرب عقب ما راغونا من النادي؟

عدلي:	جمعية الفنون يبون في الشهر خمسمئة وبياجرون علينا حجره.

غانم:	في السنه؟

عدلي:	في السنه طل.. في الشهر حبيبي، وإذا تأخرت يعقون سامانك في الشارع.

غانم:	خلاص لا تكثرون قرره.. خلونا ندش حجرتي وننقل السامان عاشوا.

	(يتجهون نحو غرفته.. إظلام.. موسيقى)

المشهد الرابع

(موسيقى مناسبة تكشف إضاءة صالة البيت في نهار جديد وعملية حفر وتنقيب يشارك فيها كل من خلفون وسلطان)

سلطان: خلفون اللي يشوفنا يقول يحفرون رق.

خلفون: وانا شدراني، تراني أحفر مكان العلامه بالضبط.

سلطان: الله، إذا تحققت الأمنيه حرام إني أسافر بمبي وأسوي لي غوانات.

خلفون: بدال ما تقول بسوي بنايات غوانات عاد.. هذا كنز تاريخي يا الدعمه.

سلطان: هيه بس هالكنز طالع لي في بيتي والنصيب الأكبر لي.

خلفون: لا تيلس كل شوي تعايرني.

سلطان: لقيته الصندوق.. لقيته يا خلفون.. لقيته.. يانا الخير.

(يتناول صندوقاً خشـبياً قديماً وقد غطي بالغبار والتراب.. والاثنان يضحـكان حتى يضعاه)

خلفون: (يحاول فكّه) منوه يقول بفتحك يعني بفتحك. (يذهب للبحث عن مفك.. يخرج سلطان صنـدوقاً آخر ويفتحه وإذا به عقد يخبئه في جيبه، ويرمي بالصندوق، ثم يدخل خلفون وبيده مفك، ويساعده سلطان، وعلى إثر موسيقى يدخـل على إثره بوعبدالله وهـو مسلـط مسدسه على رأس وديمة)

بوعبدالله: أعتقد لين هنيه وجزاكم الله خير، سعيكم مشكور.

سلطان: بوعبدالله!

بوعبدالله: بوعبدالله اللي عيز وهو يدور هالصندوق.

سلطان: تبغي صندوقك هد وديمة.

خلفون: شو تبابها.. خلها تولي اذبحها.

وديمة: لا تسمع كلام أخوك هالعدو.

سلطان: الحين عدو.. عيل إنتي ما تحبيني ولا تواطنيني.

وديمة: إنت اصلاً قرة العين، ومحد مثلك في هالكون.

بوعبدالله: اتركوا عنكم هالحب، وجدموا الصندوق. (يقدمان

الصندوق للأمام.. تدخل في اللحظة أمل وهي مهـددة زوجـها عبدالله بالمسدس)

أمل: اترك أمي يا عمي والا بجتل ولدك.

خلفون: حشى مب عايله إرهابيين.

سلطان: طولوا بالكم يا جماعه، بالهون كل شي يهون، خلونا نحقن الدماء، وبوعبدالله يبغي صندوقه.

خلفون: بس الدماء ما بنحقن لان صندوقه ملكنا.

بوعبدالله: لا خلوها تنحقن أحسن لانه ملكنا.. لا تخلوني أجتل وديمة، والدم بيصير لين الركب.

خلفون: يعني برجه من الدماء؟!

أمل: هي نعم.. وأنا ببداها بجتل ولدك.. والبادي أظلم.

(موسـيقى حربية تصاعدية.. وكل من بوعبدالله وأمل يستعرضان بأسـلحتهما في رؤوس وديمة وعبدالله)

سلطان: (يقدم الصندوق) خلاص يا أمل نزلي، وإنت يا بوعبدالله نزل جان تبغي الصندوق. (ينزل المسدس، ويقدم له الصندوق، ويفتحه ويتفاجأ بوجود عظام، والجميع يستغرب مما يراه)

بوعبدالله:	وين الكنز؟
خلفون:	طلع يدك قاتل.
سلطان:	الظاهر كان يجتل ضحاياه، ويعق عظامهم في الصندوق.
أمل:	طلقني ما أبغيك.
وديمة:	لا تخربين بيتج.
سلطان:	خربيه وأنا أبوج ما نبى هالنسابه اللي وراها مصلحه.
أمل:	اللي يحبنا يرضى بحالنا. (يدخل غانم وهو متلعثم مهدداً بالسلاح، ويشير لأصدقائه بأن يمسكون بوعبدالله وابنه)
غانم:	(لأخته) تبغينه؟
أمل:	لا.
غانم:	عيل يللا أشوف طلق أختي بالزين والا.
عبدالله:	إن شاء الله.. بس شو يقولون يوم يطلقون؟
خلفون:	يقولون إنتي طالق بالثلاث.
عبدالله:	إنتي طالق بالثلاث.

غانم: (لأصدقائه) خذوهم.

(يجرجـر أصدقـاء غانم بتهديد السـلاح كلاً من عبدالله ووالـده.. تقـترب العائلـة مـن بعضـها)

سلطان: ظنيت ان هالعايله ما منها فايده، وكل منا في وادي!

أمل: ما كنت أظن إن الزمن بعد ما فرق مشاعرنا بيرجعنا يد وحده.

وديمة: هي والله يا أمول.. سالفه بوعبدالله علمتنا درس لكل عايله شراتنا كلن هامنه نفسه.

خلفون: علمتكم إنتوا هالدرس أنا.. أنا طلعت من مولدكم من دون حمص بسير أجايل مزرعتي..

أمل: خلكم ويانا عمي.

خلفون: جوكم غير جوي.. ظنيت إني بلتقي وياكم.

سلطان: خلفون راعي مـزاج.. ومزاجه هناك في ليل المزرعه.

(يغادر.. يشير لهم الأب بالاقتراب)

سلطان: كل اللي خاطركم فيه بحققه لكم.

وديمة: من وين يا حسره!!

غانم: صدقها.

سلطان: بحقق لك حلم الفرقه.. وإنتي بشتري لج السياره.. أما إنتي يا وديمة بشتري لج كل اللي تبغين.

أمل: ومن وين يا بوي؟!

سلطان: (يخرج العقد) من كنز بوعبدالله بغيّر حياتكم.

الجميع: وإنت؟

سلطان: أنا بعد بغير حياتي.. بهالعقد التاريخي اللي ما أعرف كم ثمنه.. بسير بمبي وبتنشد عن جيمته.. ما دامه أثري أكيد جيمته بتكون عوده.. سلطانكم بيستوي سلطان ثاني.. سلطان غير كل السلاطين والكل بيزقرني.

الجميع: سلطان زمانه.

(يضحك الجميع بهذه المناسبة.. موسيقى أفراح ختامية.. إظلام تدريجــي.. النهاية)

كشته

مسرحية

الشخصيات

1 – غانم: شاب في العشرينيات

2 – حسن: شاب في العشرينيات

3 – مروان: شاب في العشرينيات

4 – مقبول: حارس العزبة – شاب

5 – السكير: غالب في الخمسينيات

(يقوم أيضاً بلعب شخصية الرجل)

النهاية

بقعة (1)

(مؤثر موسـيقي تفتح على إثره بقعة صغيـرة يتطاير منها دخان السـيجارة، لنكتشـف يد حسـن المرتجفـة، ثم تتـدرج الإضاءة حتى تكشـف عن ملامحه.. شـاب في العشـرينيات مطلق للحيته ولشعره العنان.. وهو ينهي صلاته ويجلس وهو يدعو الله)

حسن:
يا الله تغفر لي وتسامحني يا رب.. يا قادر يا كريم ارحم عبدك والطف بحاله.. اللهم تجاوز عن خطاياي وقوني على طاعتك.. آمين. (يقف وهو يطوي السجادة ويضعها جانباً.. ينظر للباب ثم يتنهد) الله أعلـم الألم اللي سببته لغيري (يتنهد) آه مـب عارف شو أسوي. (ينظر للباب) متى بس بتطلع من هالباب متى يا رب! (يقف وهو ينظر للباب ويده للسماء.. إظلام)

بقعة (2)

(تضاء بقعة أخرى على حسن وهو شاب في العشرينيات يقوم من نومه مفزوعاً على إثر طرقات باب متتالية)

مروان: منوه.. شو تبغون مني.. اتكلموا إنتوا منوه؟ (يتجه نحو الباب يحاول فتحه، ولكنه يتردد) كله منهم ضيعوا مستقبلي.. أنا في الأساس ما كان ودي أسير هالكشته. (يكرر الكلمة الأخيرة وهو خائف.. إظلام.. مؤثر موسيقي مناسب)

بقعة (3)

(تضاء بقعة أخرى على صوت بكاء ممزوج مع من قبله، ثم نرى يداً ممسكة بالهاتف بيد، بينما يده الأخرى ممسكة بكأس وهو يشرب ويتحدث مع زوجته)

غانم: صدقيني زينب اللي صار غصبن علي.. ترى هالشي اللي مب عارف أشرحه.. لا تسأليني متى بترد لاني أنا مب عارف.. إلا شخبار بنتي مني؟ شوه.. من يومين مريضه (يبكي) والله ودي (يتناول كأساً بجانبه، ثم يسكب من زجاجة قريبة) خلاص خلي أختي تسير وياج العياده.. أنا برد أتصل فيج في وقت ثاني.. أقول زينب.. إنتي متأكده ان تليفونج مب مراقب.

المشهد الأول

(تضاء خشبة المسرح بالكامل.. الوقت إحدى الليالي المقمرة.. نرى الجميع في مكان واحد (العزبة) ينتبه كل من حسن ومروان لغانم وهو يمسك بهاتفه.. يغضب الاثنان.. يتجه مروان نحوه بسرعة، ويأخذ الهاتف عنه بعنوة، ثم يرميه أرضاً ويكسره)

غانم: (غاضباً) إنت شو تسوي تخبلت؟!

مروان: الحين أنا اللي تخبلت والا إنت؟

حسن: نحن ما اتفقنا إننا ما نستخدم التليفون أبداً؟!

غانم: إنزين وشفيها إن تطمنت على زوجتي وبنتي!

مروان: نسيت إن اللي في وضعنا مراقبين.. يعني كل شي حولنا مراقب.. ما تعرف إنهم يتبعون الاتصال عن طريق القمر الصناعي.. تدري إن الموجات الكهرومغناطيسية أسرع من الموجات الصوتية.

غانم: إنت شفيك طيرت الكاسين اللي شربتهم.. خلاص ما يسوى علي.

حسن: أكيد ما يسوى.. مادمت تشرب هذا المنكر غير مبالي باللي يصير.

غانم: حسن مروان.. واللي يرحم والدينكم خلوني في حالي أنا اللي فيني مكفيني.. هذه زينب تزف لي خبر فنشي من الشغل.. وهذه بنتي منى مريضه.

مروان: مب بعيده فنشوني من الكليه.. الله أعلم كم شهر مر علينا.

غانم: أنا حاسب الأسابيع ومسجلنهم في سجل الثلج.

حسن: أستغفر الله العظيم من كل ذنب عظيم.

غانم: عاد لا تطلع فيها وايد.. وإنت أساساً كنت...

حسن: الله سبحان وتعالى هو التواب الرحيم.

غانم: وبالله شو قالولك.. شايف شيطان رجيم جدامك.

(يهمّ بالمشاجرة.. يمسكه مروان.. يستمعون لصوت كركبة)

مروان: سكتوا.. هاذيلا أكيد الشرطه.

(يركض الجميع ويختبئ.. لحظات ونستمع لصوت ماعز)

غانم: من الخوف صرنا نشك في كل شي من حولنا!

مروان: تظنون انحكم علينا.

الاثنان: هاه!

مروان: ما أدري يالس أحط احتمالات.. أعتقد بعد كل هالوقت مب بعيده حكم علينا غيابياً.

الاثنان: هاه.. غيابياً!

غانم: بس كيف غيابياً ونحن أصلاً ما حصلنا فرصه ندافع فيها عن نفسنا؟!

حسن: كيف بندافع ونحن ما سلمنا أنفسنا للشرطه!

مروان: هذه جريمتكم وتحملوها.

غانم: شوه؟!

مروان: لا تطالعوني جذه.. إنتوا سبب هالبلوه اللي نحن فيها.. أنا مالي خص.

غانم: على كيفك إنت.. لا حبيبي إنت عضو فعال في هالجريمه.. إنت كنت متواجد ومساند.. يعني لك يد.

حسن: أستغفر الله العظيم هذا الشيطان اللي يرمس.

غانم: عاد شوف حسن.. استوي ريال ومالك شغل فيني.

(صوت مرور سيارة من بعيد.. يركض على إثره كل من حسـن ومروان لأقرب مـكان ويختبئان، عدا غانم الذي يبقى مكانه)

حسن: غانم دورلك مكان وانخش.. هذه دورية شرطه.

مروان: عدل دورية شرطه.

غانم: دوريـة شرطه في مخكم وبـس.. بعدين شحقه أنخش.. خربانه خربانه!!

مروان: بس إنت جذه بتعرضنا للخطر.

(يتجه وهو ينظر خلال فتحة في الدعن)

غانم: (ضاحكاً) لا تخافون ما هناك خوف.. أصلاً هالدوريه ما عندها سالفه إذا تركت كل الأماكن ويت هنيه.. تلقاه جيب عادي مار.

مروان: (وقد تطمن من ابتعاد الصوت) ولو.. الواحد لازم يحط كل الاحتمالات.

غانم: اطمن.. نسيت ان راعي التاكسي يوم يابنا وين نزلنا.. خذنا فتره طويله لين ما وصلنا عزبة ولد عمك.. الزبده إنه هالمكان مقطوع.

حسن: بس مب بعيده الشرطه ساروا لولد عمك وخبرهم عن المكان.

مروان: ليش لا، كل الاحتمالات وارده.

غانم: فكّنا من احتمالاتك.. الريال في أمريكا يدرس يعني كل سنتين ينزل.. اطمنوا.. هذه السنه الأولى.. بعدين أنا ما اخترت هالمكان إلا عقب ما تأكدت من كل شي. هالعزبه محد غيري وغيره يعرفونها.

مروان: وشو عن الحارس؟

غانم: مقبول.. لالا الولد زين.. خدوم.. أعرفه من سنين وما شفت منه غير كل خير.

مروان: هي بس الولد فقير، ولو أغروه بكمن ربيه أكيد بيخر وبيقول.

غانم: هي بس أنا داهن سيره وواثق منه زين.

حسن: اتق شر من أحسنت إليه.

غانم: عاد لا تسوونها سالفه.. هالحارس لو يبغي يبلغ جان بلغ أول ما يينا. (يذهب وهو ينظر للبعيد) بس إشباه هالمره تأخر.. الشراب نفد.

315

حسن: أستغفر الله العظيم.

غانم: الحين بخبرك، كل ما قلت كلمه أستغفر الله العظيم
           جيه شيطان جدامك.. يعني الحين استويت رجل
           صالح.. ماجنك قبل ادح ليل ونهار.

حسن: بنآدم يغلط، والله التواب الغفور.

غانم: ما قلنا شي.. تراني تأثرت فيك وقمت انجعم..
           يعني انجلبت الآيه.

حسن: وليش ما تأثرت فيني الحين يوم اهتديت؟!

غانم: بصراحه ما عرفت لك.. مره جذه ومره جذه..
           إنت صاير شرات غيرك ما تعرفلهم.. بعدين
           الأزمه هي اللي تتطلب مني إني أتم على هالحاله.

           (مروان يتجه لكرتون وهو يفتش عن بعض
           العلب دون جدوى)

غانم: جانك تدور على الجبن، تراني سويته مزه
           وخلص.

مروان: (غاضباً) شوه؟!

غانم: اللي سمعته.

           (يقترب مروان من غانم ويمسك بجلبابه)

مروان: اسمع عاد غانم.. هالأكل يايبنه حق يوعنا مب حق مزاجك.

غانم: (يبعد يد مروان) والله وطلعلك لسان يا مروان! (يعود مروان مندفعاً إليه.. ولكن حسن يتدخل ويمسكه)

حسن: طول بالك يا مروان.. العجله من الشيطان.

مروان: شو ماسك علي تكلم.. مب كفاي مستحمل سخافتك وثقل دمك اللي عقتني في جريمه أنا مالي يد فيها.. وهذا هم فنشوني من الكليه.

غانم: متعادلين.. أنا بعد شراتك مفنش.

مروان: بس إنت بفعلتك قضيت على مستقبلي.. تدري إني آخر سنه لي في الكليه؟

غانم: وأنا شدراني بأن نهايتنا ما بتكون سعيده بعد هذا اللي صار (يشير إلى حسن) الحبيب ما حلاله المصخره إلا في وقتها.

حسن: إشحقه تطالعني جذه.. نسيت.. يعني إنت وقتها تميت ساكت!

غانم: شوف عاد حسون لا تستوي مثله وتسحب نفسك

من هالمشكله.. ترانا كلنا مشاركين فيها.. واللي يصيرلي بيصيرلكم سامع.

حسن: مروان خله يولي عنك.

غانم: الحين خلك يولي (تخنقه العبرة) الله يا الدنيا سويتني نكره وغير مقبول فيني.. صدق إنك ما فيك خير!!

مروان: حسن ما يقصد يا غانم.

غانم: إلا يقصد.. أصلاً ما تعرف ربيعك إلا في ظروف مثل هذه.

حسن: يعني ظنك زين اللي صار؟

غانم: وأنا شدراني.. أنا ما أعلم الغيب.. اللي صـار صار.. خـلاص. (يهم بالاتجاه نحو الباب وهو يبكي) بسير أسلم نفسي وبتفتكون مني للأبد.

(يتجه مروان نحوه ويمسكه معتذراً)

حسن: (متأثراً) خلاص يا غانم.. أنا آسف.

غانم: (لا يزال يبكي) أنا أصلاً بروحي يالس أتعذب كل لحظه وكل دقيقه.. نسيتوا إني أنا الوحيد اللي عنده حرمه وبنت ما كملت سنه.. تعتقدون إنها

مب مسؤوليه كبيره.. هاذيلا منو لهم عقب عيني
هاه؟!

مروان: خلاص عاد هدي.

حسن: لا تلومني يا غانم.. كلامك ما كان في محله.

غانم: أنا ما سويت جذه إلا من القهر وقلة الحيله..
خلاص عيل خلونا نسلم نفسنا ونفتك من
هالصدعه.

حسن: أنا بعد رايي من رايه.. خلونا نسلم نفسنا.

مروان: إنتوا شو تقولون.. تخبلتوا.. تعرفون هذا شو
معناته.. معناته إننا ننشنق بدون سبب.. لالالا.

غانم: إنزين عيل شو الحل؟!

مروان: تراني يالس أفكر.

حسن: سنه وأنت تفكر!

مروان: وإنتوا شحقه ما تفكرون!!

حسن: فكرت وماشي غير الاستسلام.

مروان: لا.. الاستسلام في هالحاله لا صعب.

غانم: خلاص عيل خلونا نتم ما بقى من عمرنا هنيه..

إن شاء الله نموت من القهر واليوع.

حسن: يا مروان يلستنا هنيه بتوصلنا مرحلة من الجنون.. وعقبها ما بنقدر نسيطر فيها على أعصابنا.

مروان: أنا وياك بس.. بس بعد اللي صار مب بإيدنا.. قضاء وقدر.. ليش نتحمل كل هذا (يلاحظ أنين غانم فيقترب منه) غانم إشبلاك؟!

غانم: حد شغل المكيف؟

مروان: مكيف!!

غانم: عيل ليش الدنيا ثلجت مره وحده؟!

مروان: لا الظاهر إنت تعبان.. تعال إنت لازم ترتاح.

(يجلسه في زاوية ويدثره.. بينما يقترب من حسن حائراً)

مروان: إذا خلينا غانم في هالحاله يمكن يجتل نفسه.

حسن: هو بيجتل نفسه من هالسقم اللي يشربه.

مروان: لازم نشوف له حل.

حسن: الحل إننا نكسر هالمنكر اللي عنده.

مروان: إنت مينون.. نسيت آخر مره شو سوى.. تم

يصارخ علينا ومب بعيده إذا عادها، صوته بيسمعونه الشرطه وبيقبضون علينا.

حسن: إنزين عيل شو نسوي.. فلوسه كلها عقها عالخمر، وما تم عندنا شي.

مروان: المونه بعد جربت تخلص.. ولفلوس بعد خلصت.

حسن: ما خلينا شي ما رهناه عند مقبول.. بعدين هناك أكثر من حل ثاني.. لكنك قلت ما لازم نثير الشبهات.

مروان: إنت سير حط راسك وأنا بفكر بطريقه، وبالمره بحرس المكان.. موعد مقبول باجر خله ايي وبشوف لي طريقه وياه.. وربك يفرجها.

(يهم حسن بالذهاب ومروان يتجه للمنامة.. ثم يتوقف ويلتفت لمروان)

حسن: مروان.

مروان: خير يا حسن.

حسن: اتظن إنهم بيشنقونا؟!

مروان: هاه (يتحسس رقبته) سير نام الحين.. نام.

(يتجه مروان نحو المنامة.. يتقدم حسن إلى

مكان نومه.. بقعة مناسبة على حسن وهو يجلس مصحوباً بمؤثر موسيقي.. يجلس وهو ينظر للمكان)

حسن:

حكم الله وأنا راضي فيه.. اللهم لا اعتراض على حكمك.. كل أمنيتي في هاللحظه أنا أشوف أمي وأبوي جدام عيني.. أمي وأبوي اللي طول عمري وأنا أسمعهم ودي في هالحزه يسمعوني.. يسمعون آخر كلماتي اللي مستوطنه حشايي شرات اليمر اللي يالس يحرقني كل لحظه وكل حين.. ودي أقولكم إن بركان ولدكم اللي خمدتوه بمشاكلكم التافهة ثار وحرق كل شي أخضر في دربه بعدد لدموع اللي غص إبها كل ما حن لحضن دافي وكل ما شاف ضحكة طفل لأمه، ولعب أبو مع ولده.. ردوا علي وقولولي ليش جتلتوا روح الطفل في مشاعري ليش.. ليش عقيتوني يتيم عند يدتي وإنتوا بعدكم حيين.. ليش صورتوني عاله وضيعتوني في مجتمع ما يرحم.. لين متى بتم هالدنيا مغيبتنكم وغاشيه عيونكم!! ما حان الوقت يصحى ضميركم وتحسون بذنبكم.. ترى بعده شي وقت.. دخيلكم جاني بعدني مسجل في جنسيتكم بأني ولدكم،

وتبوني أسامحكم على كل اللي سويتوه فيني..
دخيلكم تصدقوا والا زكوا اعتبروها كفاره
تطهر انفوسكم وتغسل قلوبكم.. سووا مره
خير ينحط في ميزان حسناتكم.. تراني ما أطلب
وايد.. كل اللي أبغيه هو كفن وغسول وصلاه
ودفن والباقي على رب العالمين.

(يبكي.. يتناول لحافه ويغطي نفسه.. تبدأ الإضاءة
في الإظلام التدريجي)

المشهد الثاني

(مؤثـر موسـيقي لمروان وهو يتخيل المشـانق مـن حوله، وهو يحاول الهرب منها.. حتى يصرخ فيستيقظ أصدقاؤه، ويقتربون منه)

حسن: مروان إشفيك؟!

غانم: قوم يا مروان.

مروان: (يقوم فجأة) هاه.

حسن: تعوذ من إبليس.. الظاهر كابوس!

مروان: كابوس (يجلس.. ثم يبدأ في النزول وهو يبحث عن شيء ما)

غانم: خير إشفيك؟

مروان: ما أدري.. بس في حد هنيه؟!

حسن: تراني قلت لكم.. خلونا نسلم عمرنا بسنا ضياع.

غانم:	شوه.. نسلم عمرنا.. إنت تخبلت تباني أدفع ثمن جريمتين قتل وسكر.. لالالا.

حسن:	مب جنه كان اقتراحك أمس في الليل؟!

غانم:	(ضاحكاً) هذاك في الليل.. كنت مب صاحي.

حسن:	وشو عنك يا مروان؟

مروان:	ما أدري.. جذه صح.. وجذه بعد صح.. صدقوني متخربط هالمشكله خلتني ضايع ما بينكم.. مره وياك، ومره وياه، ومره ويا نفسي مب عارف.

حسن:	هي بس في الآخر لازم تقرر.

مروان:	مب قادر أشوف جدامي.. كل ما أحاول أمسك العصا من النص.. تنهد من إيدي وتطيح.

غانم:	بس الغريبه إن كل سنه نسير هالكشته وما يصير لنا شي!!

حسن:	الا أمر ومقدر.

غانم:	هذا نحن في النهاية رجعنا من أول ويديد لنقطة الصفر!

مروان:	ما تتعرف بدايتها من نهايتها.

غانم:	بس أبطالها معروفين.. بطاليه ومحكوم عليهم

بالإعدام.. أقول تظنون بيشنقونا والا بيرمونا.. والا بيحطونا على الكرسي الكهربائي؟!!

مروان:	فال الله ولا فالك.
غانم:	(مبتسماً) تخافون من الموت؟!
حسن:	الموت حق.
غانم:	خلاص عيل.. إن سلمتوا منه.. ما بتسلمون من البطاله.. وهذا نحن زدناك اثنيه يا حسون والبقية تاتي.
حسن:	أشوفك يالس تعايرني! لايكون يالس في عزبة ولد عمك عاله عليك.. تراني حالي حال مروان.. حطيت كل اللي عندي حق مقبولك.
حسن:	هي بس لازم تفهم بعد ان بطاليه عن بطاليه يفرقون.
غانم:	هيه في بطالي مقدم وبطالي موظف.. ترانا كلنا في الهوا سوا.. هذا إذا نجيت من حبل المشنقه.
مروان:	يا جماعه فكونا من ضرايبكم وخلونا في مصيبتنا.. أنا اللي أعرفه ان المحكوم عليه بالإعدام يعطونه فرصه يدافع فيها عن نفسه..

يعبر عن شعوره.. نحن كل سنه نيي وما تسويلنا مشاكل والأمن يعرفونا.. كان لازم يفحصون البصمات، وكان لازم..

غانم: وتظن النيابه بتصدق هالكلام.. بيتمون إيريرونك في الكلام لين ما تعيز.. هذا من غير الطراقات اللي بتيك وبتخليك غصبن عليك تقر وتعترف.

مروان: مب لهالدرجه عاد.

حسن: إنت يالس تشوه صورهم لأنك حاس ان ماشي فايده من اللي نسويه.

غانم: بالضبط أنا واحد ياس ومسلم.

حسن: وحرمتك وبنتك؟

غانم: لهم الله.. إنتوا تظنون إنهم بيتفهمون ظروف الجريمه.. ما تقول إن هناك بصمات عيل بيقولون إنها مدبره وان نحن متآمرين.. خاصة الأخ حسن من كباريه البطاليه وراعي سوابق.

حسن: وتظن هالسوابق يت بكيفي.. مب ظروفي هي اللي ساقتها؟!

غانم: ترانا كلنا مرينا بظروف.

مروان: بس أنا ويا حسن.. اللي صارله مب شي سهل.

غانم: يعني هو أول واحد ينخرب بيته.. الآلاف غيره انخرب بيتهم واكم عايشين.

حسن: لكنهم عايشين وين.. يا في السجون، والا مراكز تأهيل المخدرات، والا يهومون على القهاوي، لأنهم سوابق على قولتك.

مروان: مب عارف نلوم نفسنا، والا يحتاي نجهز كفنا!

غانم: أنا مب فارقه وياي.. جذه ميت، وجذه ميت.

حسن: بس الثانيه هي المنطق.. نجهز كفنا ونتوكل على الله.

مروان: بس بعد.. ليش نستسلم بسهوله! ليش ما نتفاءل ونجرب ندورلنا على حل؟!

حسن: أي حل هذا والبيبان كلها مصكره في ويهنا!

غانم: خاصة لواحد مثلك يلحسون.. خلهم يعطونك حسن سيره وسلوك قبل.

حسن: عطوني يا غانم.. وجربت.. راكضت كل مكان.. عمري ما ياست.

غانم: وين ما ياست إذا كنا كلنا في مدرسه وحده وفي صف واحد، وانتهى فينا الحال بهالطريقه.. أنا

خلصت قبلكم بسنتين واشتغلت، وهذا مروان توه بيخلص.. بس إنت..

حسن: كان يمكن مثلكم وأكمل.. لكن زاد الزود علي في البيت لقيت نفسي ضايع بين أمي وأبوي ومشاكلهم التافهة.. الا على طلعه.. والا على عرس.. والا سفره.. ويوم بعد يوم تأزمت الحاله.. تحولت لمحامي بابوي طول بالك.. هدي يا أمي.. وعقبها لقيت نفسي منبوذ من الاثنين!

غانم: منبوذ.. لانك استسلمت بسرعه.

حسن: لو كنت مكاني ما بتقول جذه.. من يوم ما عقوني عند يدتي ما كنت أفكر إلا في الشغل وبس.

مروان: والدراسه؟

حسن: في الوضع اللي كنت فيه نسيتها.. كنت محتاج.. ويدتي بروحها تأخذ فلوس الشؤون.. بتصرف على عمرها والا علي.. ماشي فايده.. خاصه عقب ما عاند أبوي أمي وما قام يعطيها فلس واحد.. اصتكت في ويهي.. شهادة الثاني إعدادي ما شغلتني غير مامور بداله، وعقبها مندوب.

مروان: بس بعد.. كنت تقدر تكمل وتحقق حلمك.

| حسن: | صدقوني حاولت بس ما قدرت. |

| مروان: | أنا لو منك ما استسلمت. |

| غانم: | إنت والخيبتين.. تراك دشيت تبغي تكون مهندس إلكترونيات آخرتها رسيت على مهندس زراعي. |

| مروان: | ترى هذه كانت رغبة أبوي.. رغم إني أهوى الإلكترونيات إلا إني خفت أزعله.. خاصه وهو واقف وياي.. بس كله منه هو اللي عقني هالعقه.. شوشت مخي وقلبت كياني.. فطمتني على أحلامك.. من أول ما انولدت وإنت تبغيني أكون مثلك.. ما عمرك عطيتني فرصه أختار فيها اللي أبغيه أو حتى اللي أتمناه.. وهذه آخرتها.. أحلام التاجر المقاول المعروف.. قادتني شرات العنز المربوطه وراك وين ما تسير.. بغيتني أحقق حلمك اللي ما قدرت تحققه.. ويالس اتدوره من وراء تجارة المقاولات.. تراكض من دوله الى دوله تراويهم إنك تاجر عود ولك مشاريع، وولدك يالس تبنيه مثل أي بنيان ثاني تبغيه يطلع مهندس معماري يشرفك ويعوضك.. من جذه عقيته في سكن الجامعه وقمت ما تشوفه إلا من سنه لين سنه.. لكنه وينه مهندسك الحين.. |

شحقه ما سألت عنه.. والا همك بس تركض
ورا الفلوس.. هاذوه مهندس أحلامك الحين يالس
يتريا حبل المشنقه في أي لحظه يا ليتك عطيتني
فرصه أختار جان ما وصلت هالمواصيل.

غانم: عاد كلكم كوم وأنا كوم.. أنا من خلصت البزنس
أموري في السليم تراه بح طارت.. كنت فرحان إني
مره وحده نائب رئيس قسم وعندي موظفين.. وأول
واحد أكون في الدايره.. لكن يا فرحه ما تمت!!

حسن: لو كانت عندي وظيفه شراتك جان تغير حالي.

غانم: لكن حالنا الحين في مهب الريح.. أنا مالي شغل
فيكم لو سالفة هالكشته.. جان حالي غير عنكم..
وهذا أنا تسببت في تيتيم الحرمه والبنت في وقت
واحد.. صرنا ثنينتنا بطاليه.

حسن: نحن لازم نسوي شي.. لازم نعيد حساباتنا.

غانم: خلاص القطار وفاتنا!

حسن: لا.. يمكن هناك فرصه ثانيه.

مروان: إن قدر لي فرصه ثانيه للحياه برد بكمل السنه
وباخذ شهادة أبوي.. بس بطلب دراسات عليا
وبتخصص في الإلكترونيات.

حسن: وأنا بعد إن قدر وطلعت من هالورطه برد أدرس مسائي لين ما أخلص.

غانم: أحلام بس بالمشمش.. حبل المشنقه ما بيعطيكم مجال.. يترياكم بفارغ الصبر بعدين إنت شفيك.. أوقف مكانك صاير شرى الساعه!

مروان: (لا يزال يواصل وهو في حيرة) الوقت يمر.. إذا تمينا شهر زياده بنتخبل!

حسن: ما قلت لك بنفقد أعصابنا وبنتخبل.

غانم: بنتخبل الا تخلبنا وضعنا.. اييكم راي.. طولوا بالكم واستريحوا.. كل مشكله لها حل (يتجه نحو طاولة قريبة يسكب لهم من زجاجته كأسين) خلونا نهدى ونشوف لنا حل.. بالضرابه ما بنوصل لنتيجه.. دردعوا من هالطيب وفكروا.

مروان: وتظن بنلقى الحل؟

حسن: أستغفر الله العظيم.. مروان ابعد عنه.. غانم إنت تخبلت والا شوه؟!

غانم: الحين هذا يزاي يالس أدورلكم حل!

حسن: وهالمنكر هو اللي بيلاقي الحل؟!

غانم: شقى عيل بيلقى أبو الحل (يضحك) بس تدري بوعلي أحسن شي في مشكلتنا هذه إنها خلتك تسلم.

حسن: أنا طول عمري مسلم.

غانم: هي بس الحين زاد طواعك.

مروان: ماله عوايد يتاخر جذه!

حسن: آخر مره يانا من أسبوع.

مروان: أسبوع.. أسبوع.. معناته (يتجه لدفتر صغير وهو يقلب صفحاته) معناته إنها الجيه رقم 50 يعني لو عدينا الأسابيع.. بتطلع.. بتطلع سنه وشي.

غانم: خيبه كلكوليتر.

حسن: على الأقل تعلم له شي بدال هالمنكر اللي تدحقه.

غانم: شوف حسون لا تقعد تلف وتدور.. تراني مب راعي مشاكل!

حسن: تراك يالس تعق وتنقز.. شو سالفتك وياي؟!

غانم: لا سالفه ولا يحزنون.. ترانا يالسين نيرير في الأيام المتبقية.. عنبوه ما تفرق بين الضرابه والسوالف.. حشى لابق ضوء.

حسن:	سوالف.. وإنت تشوف إنها مناسبه في هالبلوه اللي نحن فيها؟!

(يلمح حسن ظل أحدهم يمر خلف سور العزبة)

حسن:	لحظه.. شفتوا اللي شفته؟!
مروان:	هاه!
غانم:	شو اللي شفته؟
حسن:	خيال حد مر قبل شوي.
غانم:	تلقاه الحارس مقبول.
حسن:	لالا هذا مب هو.. لان هالوقت مب وقته.
مروان:	أنا أتفق مع حسن.

(يتجه وهو ينظر من خلف السور)

غانم:	إنتوا ما تقولون إن موعده اليوم؟
مروان:	عيل.. أنا أشك إن هذا كمين.
الاثنان:	كمين!
مروان:	هي نعم.. وهذا ضابط شرطه يتفقد المكان قبل الهجوم.

غانم: (ضـاحكاً) يا شينك يـوم تتأثر بمسلسلاتك البوليسيه!

(يستمعان لصوت كركبة)

مروان: شفت.. تأكدت الحين؟!

غانم: أنا ما شفت شي.. لا تشوفني شي ما شفته.

حسن: إنت شو من البشر ما تحس بهالبلوه هذه؟!

غانم: في حالتكم هذه بحس... لكن في حالتي هذه.. أنا مخدر.

مروان: المشكله الرويه غير واضحه.. مب بعيد مطوقين المكان.

(يعود صوت الكركبة من جديد)

حسن: أقولكم إن هناك حد.

غانم: إنزين منوه؟.. مب يمكن يكون ذيب والا ثعلب؟!

مروان: لا هذه إشاره.. يبغون حد منا يفتح الباب.. علشان يلقون القبض عليه.

(مروان يتناول عصاه ويقف خلف الباب... وما إن يهـم مقبول بفتــح الباب حتى يهوي مروان

336

بضـــربة، ولكنه يسقــط قبل الضربــة.. فتتناثر محتويات الصندوق الـذي يحمله، وكذلك الكيس الذي كان يحمله بيده الأخرى)

مقبول:	صبر أرباب، أنا مقبول!
غانم:	(يضحك) شفتوا قلتلكم هذا مقبول.. قلبتوا الحاله فيلم وأكشن.. تعال مقبول.
الحارس:	هاه أرباب.
غانم:	يبت السامان؟
الحارس:	أرباب كل شي موجود داخل.
مروان:	شو عن الطريق.. مسحت أثرك؟
غانم:	نحن وين يالسين.. اصحى يا مروان نحن في بر.
مروان:	هيه بس الاحتياط واجب.. ما تراوالك حد في طريجك؟
مقبول:	هاه.. فيه واحد ريال طويل يدور، يدور.
مروان:	بس عيل هو محد غيره.. ضابط الشرطه.
غانم:	أي ضابط إنت بعد.. يمكن حد ضايع في الصحراء.. والا يدور ربعه.

حسن:	والا يمكن يكون اللي... صح.. ليش لا؟
غانم:	شو يمكن، وليش لا؟
حسن:	يمكن ما يكون مات.. والحين هو ياي يدور علينا.
مروان:	بعد صح ليش لا.. إنتوا قلتوا إنكم مب متأكدين إذا كان...
غانم:	فكنا من صدعتك نحن ما صدقنا إيي مقبول.
حسن:	مقبول.. ييت الكتب الدينية اللي وصيتك عليها؟
مقبول:	موجوده داخل صندوق صغير.
غانم:	أهم شي سرت البيت وعطيتهم الرساله؟

(ينصدم الاثنان برده هذا)

حسن ومروان:	شو.. سار وين؟!!
غانم:	هيه البيت.. بعدين هذه مب أول رساله تيني عندي وايد منها.
مروان:	شوه.. غانم إنت شو تبى تسوي فينا؟
حسن:	بعدين ليش كل هالرسايل.. إنت مب خايف تطيح في يد ويكشفونا؟!
غانم:	لا تخافون خذت كل الاحتياطات.. قلتله يحط

الرسايل مـن تحت الباب.. وطلبت منه الردود تكون في صندوق البريد مال أخو مقبول في سيرلانكا ومـن هناك بيطرشه حق مقبول.. فهمتوا.. حشى سوالف رأفت الهجان.

مروان: ما عليه بعد لازم نطمن.

مقبول: أرباب مروان.. كل أكل يجيب.. دروبين موجود بس كتاب ما يحصل في مكتبه.

غانم: وشو عن المسجل؟

مقبول: (يتجه مقبول للكرتون.. يتناول المسجل ويناوله غانم) تفضل وكل شريط داخل كرتون.

(يتجه كل من غانم وحسن للكرتون.. بينما مروان يمسك مقبول ويتقدم به للأمـام)

مروان: ما عليه مقبول.. سجل الفلوس على حسابي.

مقبول: أنا يسجل، لكن حساب صار زياده.

مروان: أنا أدري اننا متعبينك ويانا، لكنها مدة بسيطه، وإن شاء الله بينزاح هالهم.

مقبول: أرباب إنت شو يسوي؟

مروان: هاه.. مشكله بسيطه بعدين بخبرك.. بس كمل جميلك.

مقبول: أنا يجي بلاد مالك مشان يجمع فلوس مش علشان يسوي سلف!

مروان: (يخلع ساعته) يود هذه بخمسمية.. باقلك أربعمية.. سجلهم في الحساب خلاص عيل.. سير لم الزبال.. وتأكد من خزان الماي.. ونظف الحمام؟

(يهم مقبول ويتناول كيساً أسود يحاول أن يلم الزبالة.. بينما غانم يحاول الاستماع للمسجل وحسن يقرأ من بعض الكتب.. بينما مروان يتناول الدوربين من الكرتون، ثم يعتلي المنامة وهو ينظر من الدوربين.. مؤثر موسيقي.. إظلام)

المشهد الثالث

(على صوت أغنيـة أم كلثوم «أنا في انتظــارك» تفتح الإضاءة على غانم وهو يجلس فوق المنامة وهو منتشٍ يردد ما تقوله الأغنية، ثم يخفض صوت المسجل)

غانم: تدرين يا زينب شو اللي خلاني اختارتج إنتي بالذات بد البنات.. لانج طيبه وعلى نياتـج.. يمكن إنتي تتحرينه حب.. طول ما إنتي تحاولين وياي وأنا أشوفج حرمه عاديه تزوجيتها علشان أخليها في البيت وأسير ألعب لعوبي.. ما فكرت بكلمة أحبك إلا يوم انعقيت هالعقه.. حسيت بغلاها وإنتي تكلميني في التليفون.. تراوتلي دموعج بشهقة صيحتج في التليفون وإنتي تقوليلي دخيلك أرجع أنا وبنتك منتظرينك.. الحين بس بقولها ومن قلبي.. أحبج.. وإن جان شي أمل برجع.. بس دخيلج انتظريني.

(يواصـل غانـم غنـاءه.. تكشـف الإضـاءة باقي المـكان لنرى حسـن في الجهـة الأخرى يصلي وهـو يكـرر: الله أكبر.. يدخل مـروان قادماً من المطبخ بيده صينية أكل، ويلاحظ تكرار حسـن.. يقترب من غانم.. يركب السلم ويغلق المسجل)

مروان: وإنت ما تشوف الريال يصلي!!

غانم: منوه يصلي؟

مروان: ما كفاه غرشه طلعلنا بهالمسجل.

غانم: إنزين.. شو سويت له.. أنا في حالي.

مروان: بس مب زين.. لازم كل واحد فينا يحترم الثاني.

حسن: (وقد أنهى صلاته) السلام عليكم ورحمة الله (يطوي سجادته) وإنت آخرتها وياك.. منكرك وصبرت عليه.. قمت ويبت هالمنكر الثاني!

غانم: إنت بخبرك إنت.. كل شي عندك منكر منكر!!

حسن: اتقي الله في نفسك.. إنت في أي لحظه ممكن تموت بشوه بتقابل ربك.. ببطولك؟!

غانم: (يقف متثاقلاً، ولكن مروان يحاول أن يمسكه) مب شغلك.. أشوفها عاد.. مصخت.

(ينزل متجهاً نحو حسن لشجاره.. يمسكه مروان)

مروان:	يا جماعه فكونا من هالضرايب.

| غانم: | إنت تعال.. لايكون شايفيني جدامك أبو جهل! |

| حسن: | أستغفر الله. |

| غانم: | ألف وديه عن ويهك. |

| مروان: | يا غانم يا حسن شفيكم.. خليتوا هالمشكله تأثر حتى على علاقتنا ببعضنا. |

| غانم: | هالمشكله يت في وقتها.. لانها عرفت كل واحد في الثاني. |

| حسن: | يكون في علمك عاد.. أنا أحمد ربي ألف مره إني طحت في هالمشكله.. لانها هي السبب اللي رجعني للطريج الصحيح. |

| غانم: | لكن عقب شو عاد.. عقب خراب مالطه! |

| حسن: | بالعكس بعده شي وقت.. الواحد منا لازم يراجع حساباته. |

| مروان: | بس الفاس طاح في الراس. |

| حسن: | إنتوا شدراكم بأنه مات.. مب يمكن مجرد جرح. |

غانم: كل الدمان اللي شفناه وتقول جرح.. سير زين.

حسن: هالدمان تحول لماي غسلت فيه ويهي من كل الخطايا.. هالدمان هو اللي رد الروح لويه ما يستحي.. ويه بدا يصبح ويمسي على ذكر الله.

(يتجه جانباً.. ينظر غانم لمروان ويتجه لزاوية أخرى.. بينما يبقى مروان مكانه حائراً.. يستمع لصوت مجموعة تضحك من بعيد.. يتجه للأعلى وهو يراقبهم عبر دوربينه)

مروان: أتصور هاذيلا رجال أمن متخفين.

حسن: (مكانه) ما يهم.. خلهم اييون ويلقون القبض علينا.

(يتزايد ضحكهم ومرور دراجة نارية.. بينما غانم يخرج رسالة وهو يبدأ بقراءتها)

مروان: هاذيلا شكلهم مطوقين المنطقه كلها.. ماشي فايده بيزخونا.

(غانم يبكي وهو يقرأ الرسالة.. ينتبه له حسن)

حسن: خايف من الموت؟

غانم: خايف على بنتي منى.. الرساله تقول بيسولها

عمليـه استبدال كلية.. وهالرساله الله أعلم كم كملت لين ما وصلت.. ما أدري سوولها.. نجحت.. نجحت.. والا.. آه يا بنتي (يبكي) كل منا التهى بهالقضيه اللي صارت شرى العظم اللي ناشب في بلعومنا (يرمي الزجاجة ويقف) أنا بالذات أناني فكرت في نفسي وفي هالسقم.. ونسيت إني لي أحباب يتألمـون (يبكي بحرقة) أحباب ما أدري عنهم جان عايشين والا ميتين.

حسن: ما عليه يا غانم طول بالك.. الله الحافظ.. «قل لن يصيبنا إلا ما كتب الله لنا».. صدق الله العظيم.. المؤمن في مثل هالحاله دائماً يذكر الله.

غانم: والنعم بالله.

(حسن يتفاجأ برد غانم فيبتسم لما يسمعه)

مروان: أحس حد يتحرك ورا العزبه.. شكلهم يو!!

غانم: (وقد بدأ في التغير) كلام حسن عدل.. خلهم ايبون ويفكونا من هالصداع اللي مب طايع يفج من راسنا.. بس خلهم يعطوني فرصه أطمن فيها على بنتي.

مروان: شباب.. الجماعه اختفوا.

غانم:	إنت شو تقول دور عدل.. تلقاهم منخشين!
مروان:	الظاهر اختفوا مره وحده.
حسن:	(يقف مترجياً) دخيلك ازقرهم.. خلهم ايبون ويفكونا.. أنا ما أتحمل أكثر من جذه.
مروان:	تراني يالس أدورهـم.. اختفوا ما أدري وين ساروا.. أنا خايف يتريون إشارة الهجوم.
غانم:	خلهم يهجمون.. ما عندنا شي نخسره أكثر من اللي خسرناه.

(صوت طرقات على الباب).. أقول حسن.. حاول تأخرهم شوي لين ما أسير أتوضا.

(يتجه غانم نحو الحمام في العمق)

حسن:	إن شاء الله (ينشغل بجمع أغراضه.. يعود صوت الطرقات) افتح يا مروان خلنا نحط نهاية لهروبنا.
مروان:	(خائفاً) لالا، أنا ما بسير سيروا إنتوا.
حسن:	استهدى بالله وتوكل عليه.
مروان:	(يتراجع) لالا.

(مؤثر موسيقي مناسب.. يتجه مروان على إثره

(وحســن إلى الباب، ويقوم بفتحه نرى ضوءاً قوياً يحجــب جسد شــخص يقف أمام الباب.. مروان يتقدم لمعرفة شكل الرجل الواقف وهو مندهش.. بينما غانم يعود من الحمــام ملتحقاً بالاثنين وهو ينظــر للرجــل الذي يقف.. حســن مصــدوم مما يــراه ينظر لزملائه.. وهــم ينظرون للرجل غير مصدقين)

الثلاثة:	هاه... إنت.

(يسقط الجميع مغمى عليهم.. تصاحبهم موسيقى.. إظلام)

البداية

المشهد الأول

(تفتح الإضاءة على وقوف شخص ما، وهذا الشخص هو مقبول، والموسـيقى السابقة تمتزج بصوته.. يبدو في بادئ الأمر غير واضح وهـو ينادي غانم.. بينما أشعة الشمس في الخلف تحجب جسده)

مقبول: أرباب غانم.. أرباب غانم قوم أرباب.. أنا مقبول إنت يقول تعال فجر مشان يسوي ترتيب خيمة أرباب.

(تفتـح الإضـاءة علـى الأصدقـاء الثلاثـة وهم نائمون بشكل غير منظم.. حيث نرى عدة الخيمة بالطـرف، ونـرى رمـاد نـار دلالة على سـهر الأصدقاء الثلاثة الليلة السابقة.. أما الأصدقاء فهم منتشرون على خشبة المسرح وهم.. حسن بجانبه زجاجة مرمية، بينما مروان قد تغطى بشرشـف وهو نائم على قطعة خشـبية.. وغانم نائم بالقرب

من باب ساحة المسرح.. مقبول لا يزال ينادي وقد خفت الإضاءة الخلفية، وظهر شكله بالكامل)

مقبول: أرباب غانم.. أرباب.. إنت يقول وعي صبح.. مشان يركب خيمه.

غانم: (ينظر لساعته) جيه الساعه كم الحين؟

مقبول: الساعه 8 صبح.

(يبدأ حسن في الاستيقاظ وقد تغيرت ملامحه وهو ثمل)

حسن: تراكم وذا.. إشفيكم إزعاج من صباح الله، خير؟!

(غانم يلملم فراشه.. بينما نرى مقبول يبدأ في ترتيب الخيمة المراد نصبها)

غانم: أي دق هذا.. خليتنا أمس في الليل نلف لف الخيم لين ما ضيعيتنا.

حسن: شو أسوي دام دريولك غرز؟

غانم: غرز من كثر ما تقوله يمين ويسار.. عموماً الليله بتشوفهم وبتشبع منهم.

حسن: أهم شي إن ثلاجتي وياي وشغلي بارد.

غانم: أستغفر الله.. هذا اللي يهمك؟!

حسن:	هي نعم هذا مزاج (يقف ويتلفت) تدري عاد المكان هنيه غاوي واستراتيجي!

مروان:	لا ويطل على كل الخيم!

غانم:	صدقك يا مـروان.. أشوى إن مكانا بعيد عن السيارات والدراجات.. مقبول.. تناول السامان اللي هناك وحطه هنيه.

مقبول:	زين أرباب.

(يبدأ الجميع في تعديل المكان من نقل ووضع كل شيء في مكانه)

حسن:	هذا منوه بعد؟

غانم:	مقبول دريولنا.. مسرع ما نسيته!

حسن:	هيه راعي الثلج.. بصراحه ما قصر رايته بيضا.

غانم:	بس من تذكرت مزاجك تذكرته.. بوعلي حط إيدك ويانا وخلنا ننصب الخيمه.

حسن:	بصراحه ما فيني حيل.. بكبري متكسر.

غانم:	متكسر من هالسقم اللي تدحقه.

(يواصل العمل مع مقبول ومروان)

غانم: خلاص مقبول.. إنت توكل.. إذا بغيتك بتصل فيك.

مقبول: أوكيه أرباب.

(يغادر مقبول المكان)

غانم: بس تدري أنا ناوي آخر يومين أييب الحرمه وبنتي.. بخليهم يغيرون جو.

حسن: لين مايي ذاك اليوم.. خلونا نمتع أنفسنا ونظرنا (كأنه ينظر للبعيد) شوف.. يا كثرها من خيم!

غانم: ما شاء الله.. الواحد ما يفرق بين الخيمه والند من كثرهم!!

حسن: أهم شي خيمة برميت.. ركز نظرك.. وقولي وين موجوده؟

غانم: برميتك هذا علامة مسجله.

مروان: أصلاً دايم تلقاه في منتصف مركز الخيام.. وعلمه أكبر علم.

غانم: هاذيلا ربعك برميت ولومي.. كله دق وهز.

حسن: شقى بعد هاذيلا اللي يعمرون الراس ويفرون المخ.

غانم: (وهو ينظر للبعيد) اكم ربعك موجودين هناك.. خلني أدور خيم ربعي ابرك.

حسن: بومرسال عاد.

غانم: هيه بومرسال راعي الطرب والفن الأصيل.. هاذيك خيمته.. هذاك فن.

حسن: هيه يوم بتسمع الرنه والجاسر بتتعذر.. حزتها بتغير رايك وقلبك بيطير.

غانم: يوم الابرميت مالك.. إنسى.

حسن: إنزين بيي الليل وبنشوف.. أنا جان ما أسير اتغدى عند برميت.

غانم: عيل أنا بعد بسير جدي بومرسال.

مروان: وأنا منوه بيتم وياي؟

حسن: إنت مهندس جيد.. كل بطاطك واشغل نفسك في شي ثاني.

غانم: إنت بعدك شاب غير متمرس على هالأمور.. عاين الأرض مب مهندس.. تعلم من هالمساحات، بتفيدك في شغلك.

حسن: والا أقولك خلك في أجهزتك.. سلي عمرك، وبالمره احرس المكان.

مروان: هي بس أنا مبرمج عمري على الاثنين.. عادي مب شرط أطبخ.

حسن: يقولكم برميت يايب ست بنات يداد.. كل وحده أحسن من الثانيه!

غانم: وبس هذا اللي يهمك!

حسن: شغل عدل يوم تشوفهن شرات الأفاعي وهن يتلون (يستمع لصوت دق قادم) هاه ياكم كلامي.. أنا واحد من أتريق بسير بتيلس هناك لين الظهر.

مروان: خله يستانس، تراها كشته.

(يدخل على السكير غالب.. وهو يتلفت، ثم ينظر للخيمة ويتجه إليها)

حسن: (ينظر إليه مستغرباً) حوه.. وين تبى؟

غانم: (يقف له) شو اللي هاه.. منوه إنت؟

السكير: أخوكم غالب.

حسن: غالب منوه؟

السكير: (يضحك) لطيف.

غانم: (مستغرباً) أي حمام؟

السكير: مب هاذاك ولا بهذا.. هاذاك.. بعد كم حمام عندكم

راسمالكم هاذاك الحمام الخضر.

مروان: تنكت حضرتك!

السكير: ما أدري عنك.. شكله سمعك ثجيل.

غانم: والله وطلع مب سهل.

السكير: لا وصوتي حلو بعد.. بس مب وقته.. أنا الحين
حصران.

مروان: وبس جذه.. تعال ودرعم.

السكير: أيوه.. صح.. نسيت.. بالدور... أنا آسف.. حتى في
البر نوقف في الدور.

(يضحك الاثنان عليه)

غانم: إنت من وين ياي؟

السكير: أنا كنت في خيمة الديزل، قالي جانك تبى الحمام
سير هذاك الصوب.. عاد تميت ماشي لين ما
وصلت.. ترى اسمحولي أخوكم مب صاحي
شوي.. العاده ما أزيد الجيله.. بس الربع خلطولي.

غانم: إنزين وشو المطلوب الحين؟

السكير: زي الناس شي لاباس ولا ماشي.

مروان: يا الحبيب نحن مخيمين في هالمكان، وهذه خيمتنا

(يمسك به، ويحاول إخراجه من الجهة الأخرى)
الحمام من هاذاك الصوب.

السكير: إشكثر هـاذاك الصوب في هالبر ترى حمام
والسلام (يجلس) بترياكم شو أسوي بعد مجبراً
أخاك لا بطل.

(يشـير حسن لغانم فيقـتـربان منه، ويمسكان به،
ثم يجرانه إلى الجهة الأخرى، حيث يوجد مرتفع
ترابي)

غانم: اندوكم هذا.. دقها ركبه (متجهاً إليه) أبوي الحمام
بدلوه ودوه هناك.

مروان: هذا الظاهر منتهي.. فكونا منه.

حسن: إنت بتذلف من هنيه، والا نزقرلك الشرطه؟

السكير: اصبروا يا جماعه كله والا الشرطه.. وهاذيلا
ورانا ورانا حتى في البر.

غانم: (يمسك به، ويحاول جره) قوم قوم.

مروان: شوي شوي على الريال.

حسن: ولا يهمك بنوصل الحمام.

(يجرانه بقــوة حتى يصــلا أعلى التـل.. فيخر

358

عنهم الرجل وهو يصرخ.. ثم يقفان ينظران إليه)

مروان: (مقترباً) شو استوى؟

(الاثنان ينظران لمروان دون رد)

مروان: إشبلاكم سكتوا مره وحده.. اتكلموا؟

غانم: (ملتفتاً لمروان) افتكرنا في نزله!

مروان: عيل شو طلعت؟

غانم: حفره عوده.. وفيها..

مروان: هاه.

حسن: فيها اصياخ حديد.

غانم: وشفنا دمان وايد.

مروان: إنت شو تقول؟!

غانم: ويهه ما ينشاف من الدمان!!

مروان: شو.. يعني شوه؟!

غانم: (مرعوباً) يعني.. يعني.. الظاهر.. الظاهر مات.

مروان: إنت تمزح.. جنك مب جذه!

حسن: (متجهاً محاولاً لملمة أغراضه) يقولك مات!

غانم: والله ما كان قصدي.. أنا ظنيت إنها نزلة عاديه.

مروان: هي بس.. بس بصماتكم على ملابسه.

غانم: يعني جتلناه؟!

مروان: هي جتلناه.

غانم: بس ما كنا نقصد كانت مجرد.. مجرد..

مروان: مجرد شوه الريال ومات.. والشرطه بتتهمنا نحن بقتله.. شلوا ماهف عليكم، وخلونا نترك هالمكان بسرعه.

حسن: ووين بنسير؟

غانم: أنا أعرف مكان محد يدله.

مروان: شو تتريون.. طوفوا بسرعه قبل ما يكتشفون غيابه.. تحركوا.

(يستمع لصوت ونان شرطة.. يبدأ الجميع بأخذ بعض الحاجيات، ويسرعون مغادرين المكان.. يطل الرجل السكير وهو مخضب بدمائه من الحفرة وهو يحاول أن يشير بيده، لكنه يغمى عليه... إظلام تدريجي.. موسيقى.. الختام)

الفهرس